AF469290

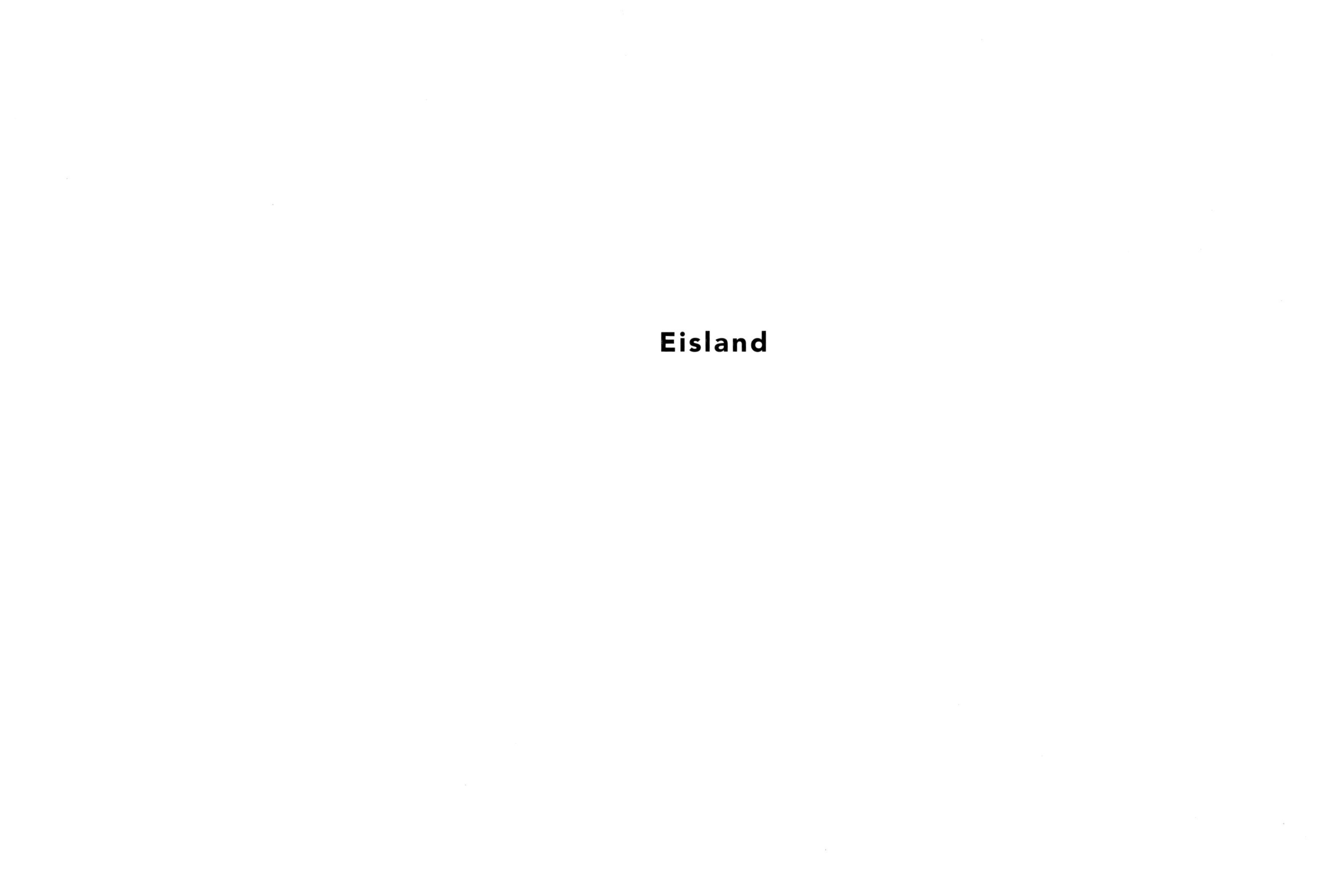

Eisland

Für Carla
und alle, die Ísland lieben.

Stefan Ziese

E i s l a n d

Fotografien

Mit einem Vorwort von
Jörg Boström

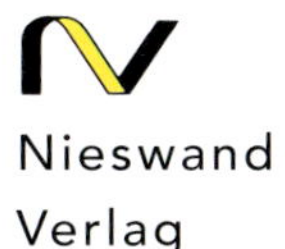

Nieswand
Verlag

Jörg Boström
Lavastaub und Drachenhaut

Eine Welt ohne den Menschen wird wieder vorstellbar. Zu denken gibt, daß sie um so vieles schöner erscheint. Wenn Lava, Wasser, Schwefel und Eis sich mischen, entstehen Figuren, Flächen und Räume von einer abweisenden Reinheit, die dem Betrachter den Atem verschlägt. Wenn Flammen Formen ins Eis brennen, wenn glasblaue Höhlen einen tödlichen Schoß für den warmen Organismus des Lebens öffnen, werden nur noch Elfen und Gnome gefragt sein, Naturgötter, die sich in Dunst auflösen, die fließen und in Schlacken sich wieder verkörpern können. Es entstehen in eine vorzeitliche, vormenschliche Welt zurückverweisende Formen, aus welchen die wandernden Sänger der Edda, der altisländischen Sammlung von Visionen, Sagen, Liebes- und Haßversen, ihre Gestalten entwickelten.

Als Flóki Vilgerðarson im Jahre 865 die Insel im Nordmeer besiedelte, nannte er sie Eisland. Er muß die Isolation des Menschen vor dieser Natur gefühlt haben. Seine Beschreibungen stellen mehr die Unheimlichkeit und Unwirtlichkeit der Landschaft dar als ihre Schönheit. Inzwischen weiß man, daß von 103 000 qkm der Insel ca. 80 000 qkm unbewohnbar sind. Als in Südisland in den Jahren 1783/84 der größte geschichtliche Lavaausbruch der Erde in der Laki-Spalte stattfand, schien dies das Ende jahrhundertelanger Siedlungsversuche zu sein. In Dänemark, das die Insel beherrschte, gab es Pläne, die Isländer nach Jütland umzusiedeln. Bis heute ist das Zentrum der Insel eine vom Vulkanismus gestaltete Wüste geblieben, eine »Mondlandschaft«. Tatsächlich hat die amerikanische Weltraumbehörde NASA auf der Suche nach einem geeigneten Trainingsgelände für die erste Landung von Menschen auf dem Mond ihre Astronauten nach Island geschickt. Es ist der Fotografie vorbehalten, in dieser Lebensferne die Schönheit zu suchen. Kein Lebewesen hält sich hier, Pflanzen sind schon zuviel. Bilder entstehen, die vergessen lassen, daß ein Fotograf sich nah an diesen dunklen Urraum Ginnungagap der Edda heranpirschen wollte. »Alle Wesen müssen die Weltstatt räumen«, heißt es in der Edda, und »Schwarz wird die Sonne, die Erde sinkt ins Meer«. Die Welt wird sauber ohne den Menschen, das ist die mythologische Botschaft.

Das Wasser ist der Stoff, aus dem die Welt, die Lebewesen, die Träume sind. Die Fotografien von Wasser, Schlacke, Dampf und Eis spiegeln etwas wieder von der kollektiven Sehnsucht nach Urzeit, vormenschlicher, außermenschlicher Existenz. Die Fotografie liefert mit ihrer puren, täuschend strahlenden Oberfläche den Reflektor für den Jungfrauentraum von unberührter Natur. Nun ist es die Kamera, die über den Wassern schwebt, eindringt in den blaugläsernen, frostigen Körper des Eises. Sie stellt sich wie ein Stück Vulkanschlacke hinter den Wasserfall, schwebt wie Dampf ohne Spur über Schwefelfelder und Gletscherflächen, schwimmt auf der glatten See mit den Eisbergen. Das Wasser erscheint in einer nahezu unendlichen Formenvielfalt in den Zuständen der Wolke, des Nebels, der Wellen und glatten Spiegel, der Höhlen, der sperrigen Splitter, der schmelzenden Figuren und des tanzenden Gases. Die Fotografie schafft durch ihr Spiel mit der Zeit zusätzliche Zustände, indem sie blitzende Spritzer zu Eisformen einfriert, Strömungen und Wasserfälle in langer Belichtung verdampft. Eisreste unterschiedlicher Größe, die in der Sonne ständig ihre Form wechseln, bis sie versickern im Lavastaub, werden durch die Kamera zu phantastischen Skulpturen eingefroren, Geräten und Gestalten abtauchender Wesen. Die extremen Temperaturen der Vulkanschlote, der Schwefelquellen, der kochenden Geysire und eiskalten Gletscherhöhlen gestalten eine Formenwelt von bizarrer Magie. Der von den Stürmen aufgewirbelte schwarze Lavastaub überzieht die ständig sich umformende Eiswelt mit einer schuppigen Drachenhaut. Das visionäre Denken ist die Antwort des Menschen. Unsere Einbildungskraft bringt Spuk ins Bild, lädt die unbestimmten Formen auf mit Gestalten aus der Tiefe des Unterbewußten.

Auch die einäugige Sicht der Kamera hat ihren Mythos. »Einen Strom sah ich stürzen mit starkem Fall aus Walvaters Pfand.«
Im ersten Gesang der Edda, der Völuspá, wird das Opfer des Göttervaters Odin genannt, der sich ein Auge aus dem Gesicht reißt für den Riesen Mimir. In Wasser wird es aufgelöst. Durch diesen Verlust gewinnt Odin die Vision, den Blick in die Zukunft. Er opfert räumliches Sehen und gewinnt Weisheit. Halluzinationen der Bilder werden möglich durch die Verletzung der realen, dreidimensionalen Sicht.

Die Menschen in Island bevölkern die leere Natur mit Göttern, Gygien und Thursen, mit Gespenstern, Zwergen und Schwarzalben. Noch heute sind solche Wesen für diese Menschen real. Die Zeitschrift »Panorama«, die in Reykjavík erscheint, berichtet im Dezember 1988, wie Elfen einen Tunnelbau sabotieren, indem sie die Bohrmaschinen ruinieren, das Dynamit verregnen und Erdrutsche in Bewegung setzen. Tatsächlich winkeln geradlinig verlaufende Straßen auf Island überraschend und irrational ab, schlagen Haken, um Trollgebiete nicht zu überfahren. Die Sagenphantasie der alten Sänger scheint in der isländischen Bevölkerung weiterzuleben. Sie kennt sogar die Namen der Zwerge Norðri und Suðri, Austri und Vestri, die Namen nach den Himmelsrichtungen. Die uns fremden Worte der isländischen Sprache rauschen in der Edda wie das Eiswasser im Fall: Draupnir, Dólgþrasir, Hár, Haugspori, Hlévangur, Glói, Skirvir, Virvir und viele weitere.

Die Gegenwart der Sagenwelt drückt sich auch in den Namen der Landschaften aus, Þórsmörk zum Beispiel bedeutet »Thors Grenzmark«, Drekagil ist die »Drachenschlucht« oder Víti die »Hölle«. Als im Jahr 1963 die Lava aus dem Meer emporschoß und eine neue, kleine Insel schuf, tagte die isländische Ortsnamen-kommission und taufte das neue Land Surtsey, Surturs Insel, benannt nach dem Feuerriesen Surtur aus der Edda. Damit wird der Zusammenhang zwischen Mythologie und Landschaft auch amtlich bestätigt.

Im Vergleich zu den derben Aktivitäten beim Straßenbau 1988 scheinen die Geister der Edda im Sommer 1990 den Stefan Ziese nur gefoppt zu haben. Es steht in seinem »Wassertagebuch«. Am 10. Juli schwimmt das Zelt des Fotografen im Gletschersee Lónið, die Isomatte rutscht zwischen die Eisberge. Am 11. Juli fliegt eine Gegenlichtblende wie von selbst in eine Gletscherspalte des Gigjökull. In den folgenden Tagen regnet es bei 10 bis 12 Grad ohne Unterbrechung. Am 20. Juli greift am Breiðamerkursandur eine einzelne, unnatürlich große Welle nach der Kameratasche und spuckt auf Apparate und Objektive. Am 25. Juli wirft am Mývatn ein Windstoß Zieses Kochtopf mit heißem Wasser ins Zelt, überschüttet Schlafsack und Jacke. Am 29. Juli bricht der Fotograf mit einem Bein in das Eis des Gletschers Kverkjökull ein. Am 6. August stürzt sein neugekauftes Stativ hinunter in die Fluten des Goðafoss, des Götterwasserfalls. In der Folge hat der Fotograf wilde Träume von Spott und Rache der Wassergötter. Er antwortet mit einem Buch.

Herford, den 31.8.1992

Quellen

Die Edda, *übertragen von Karl Simrock, Hrsg. Prof. Dr. G. Meckel, Berlin 1926*

Eddukvæði, *Skálholt 1968*

Asgard, *Walter Hansen, Bergisch Gladbach 1985*

Panorama, Isländische Zeitung, *Reykjavík, Dezember 1988*

Wassertagebuch (Manuskript), *Stefan Ziese, 1990*

Breiðamerkursandur

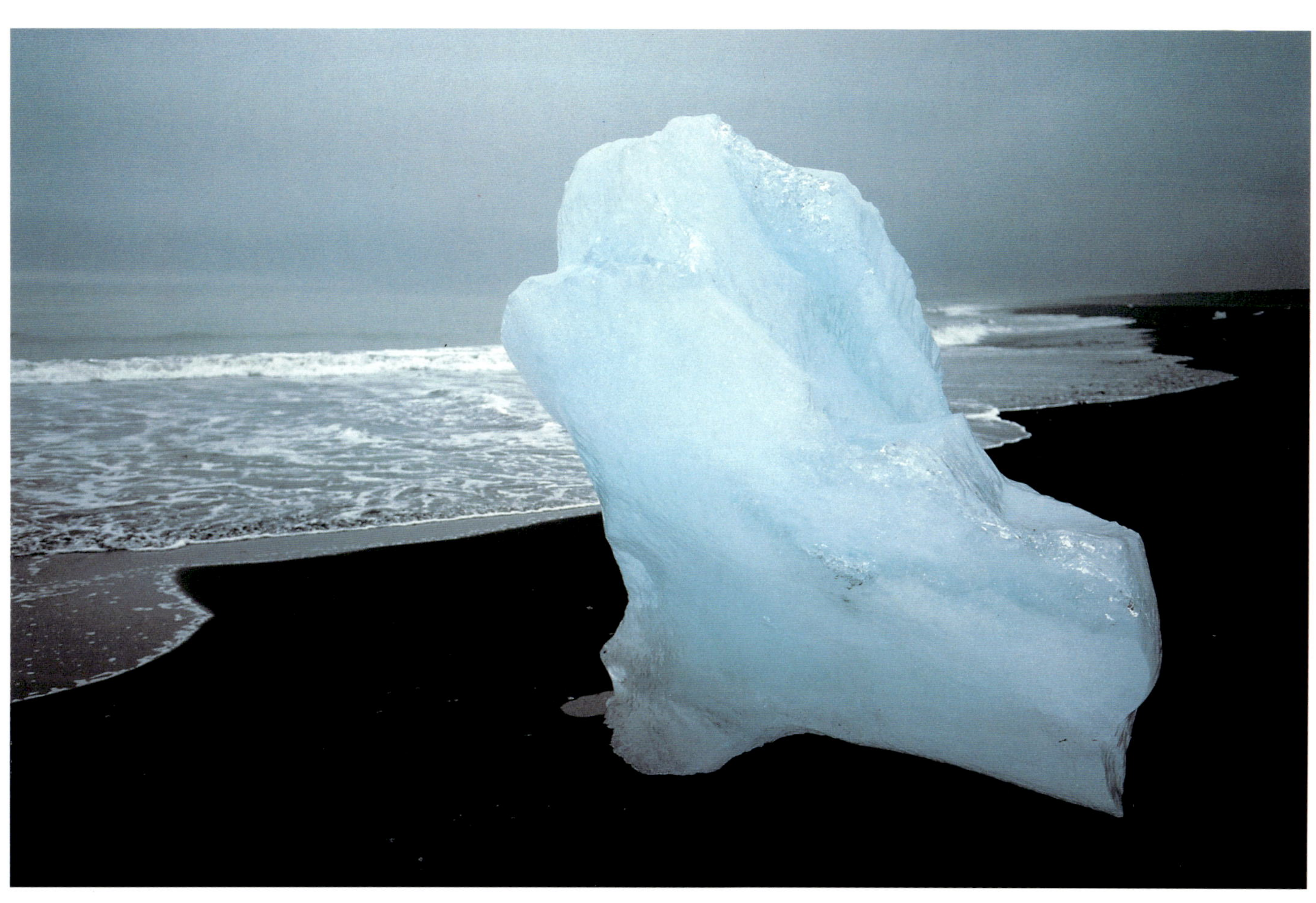

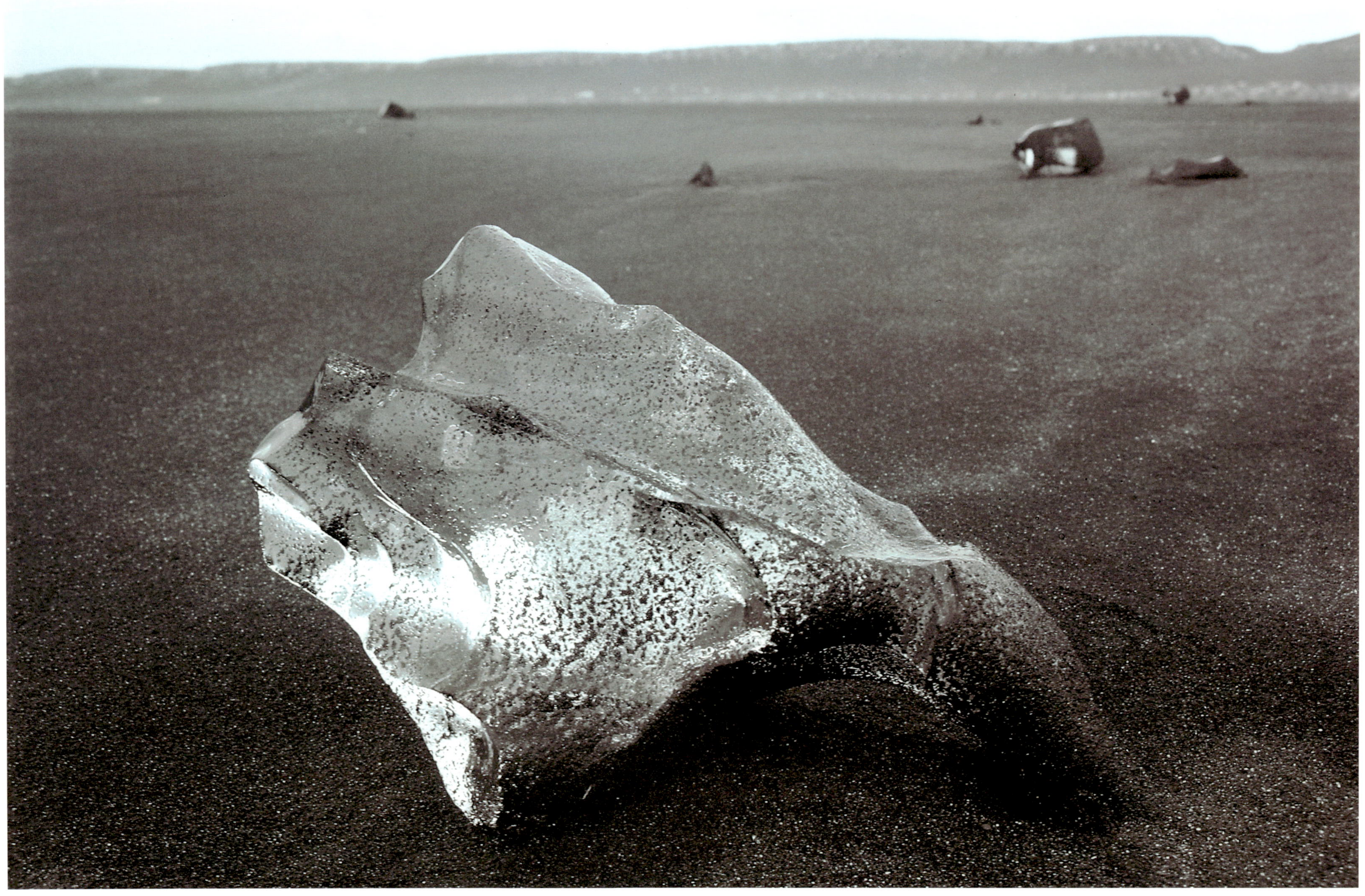

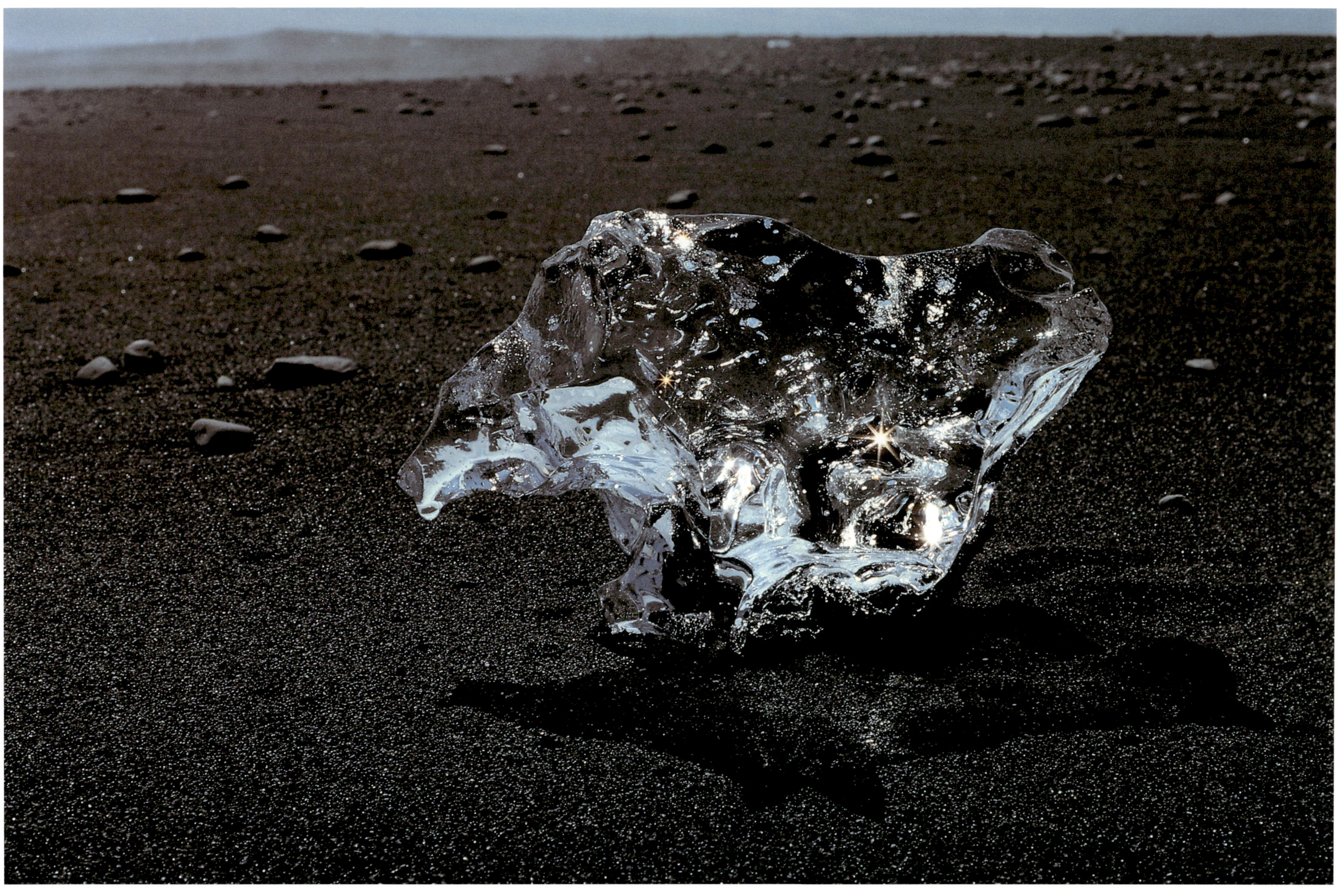

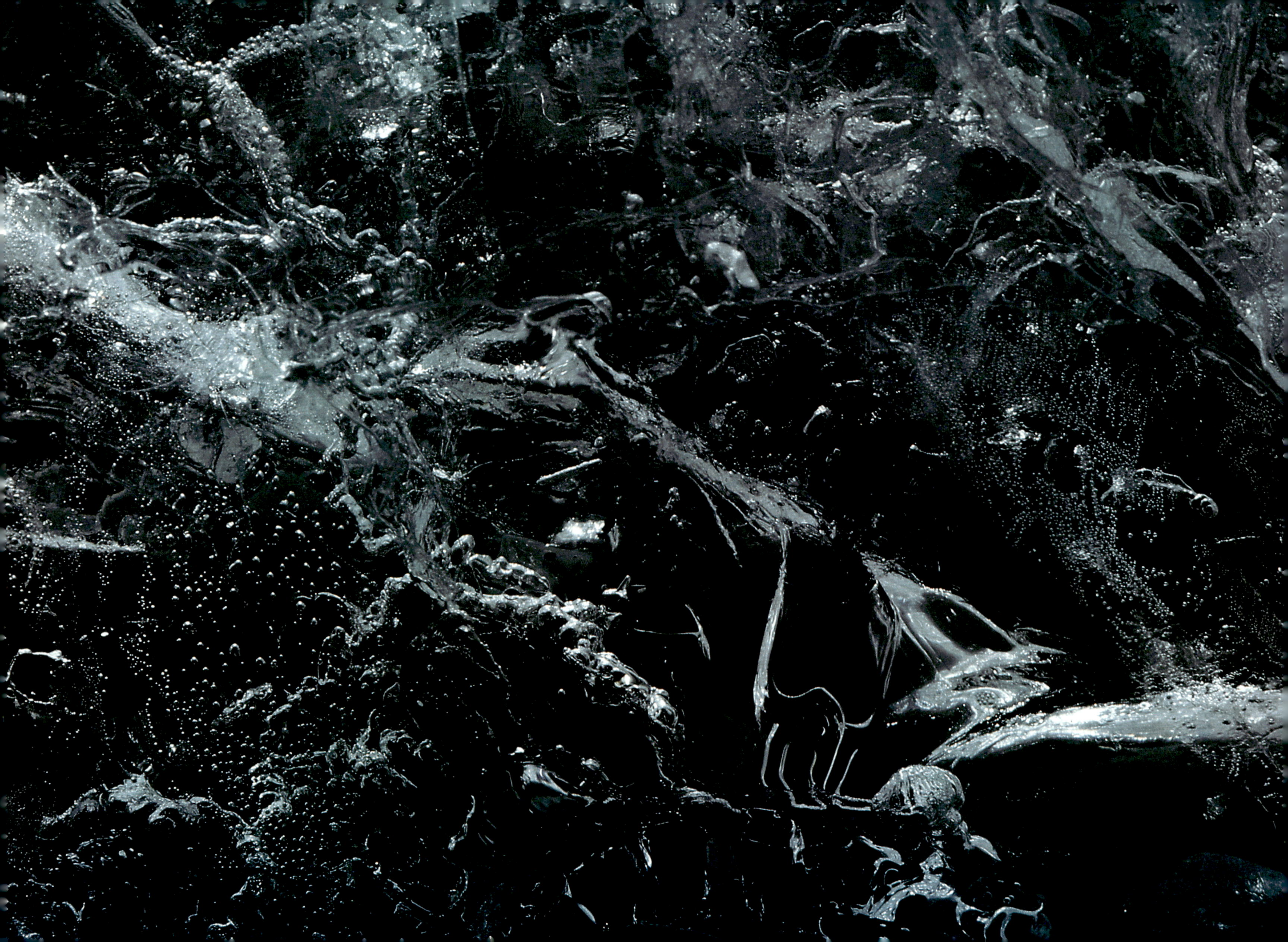

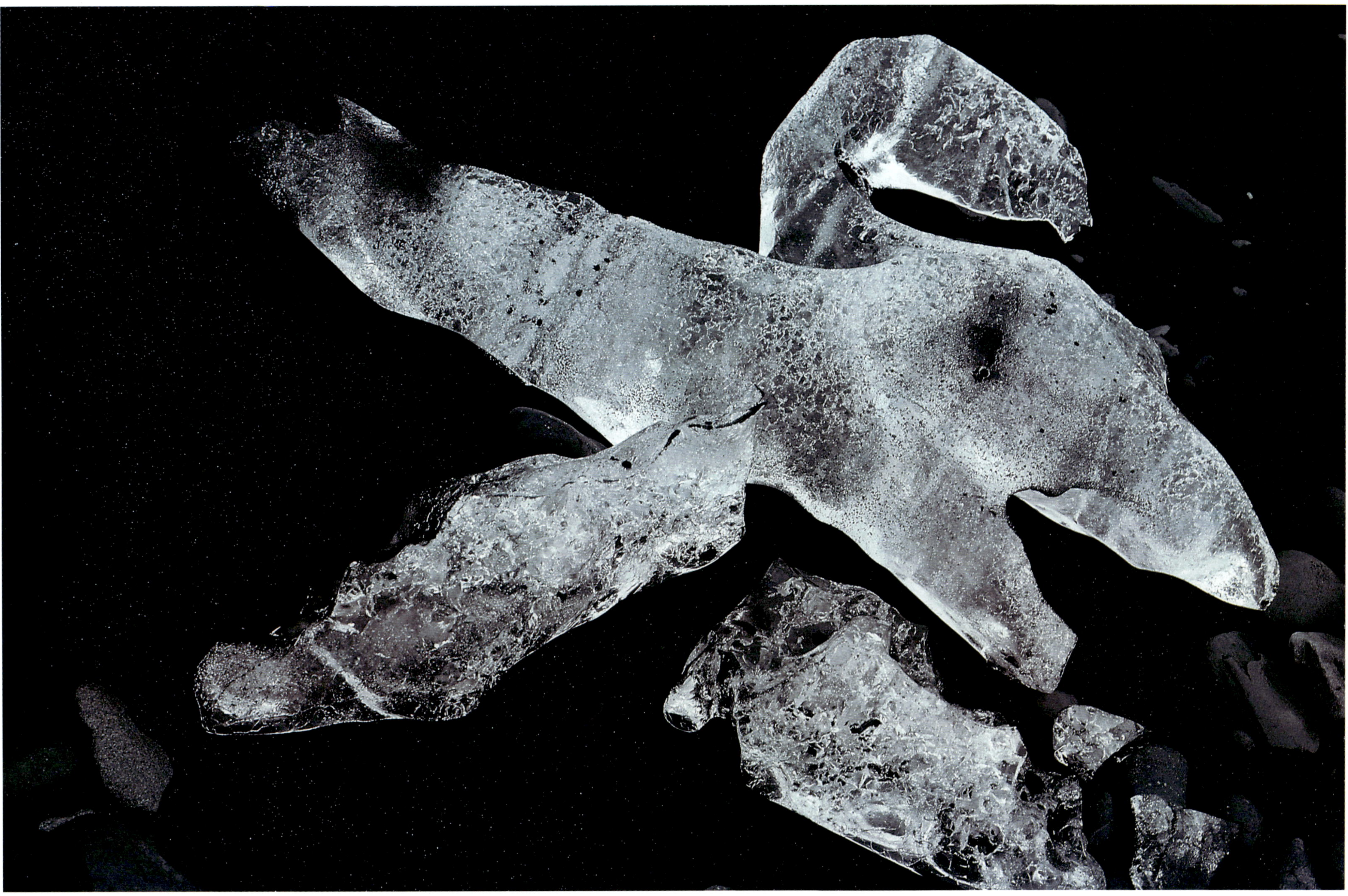

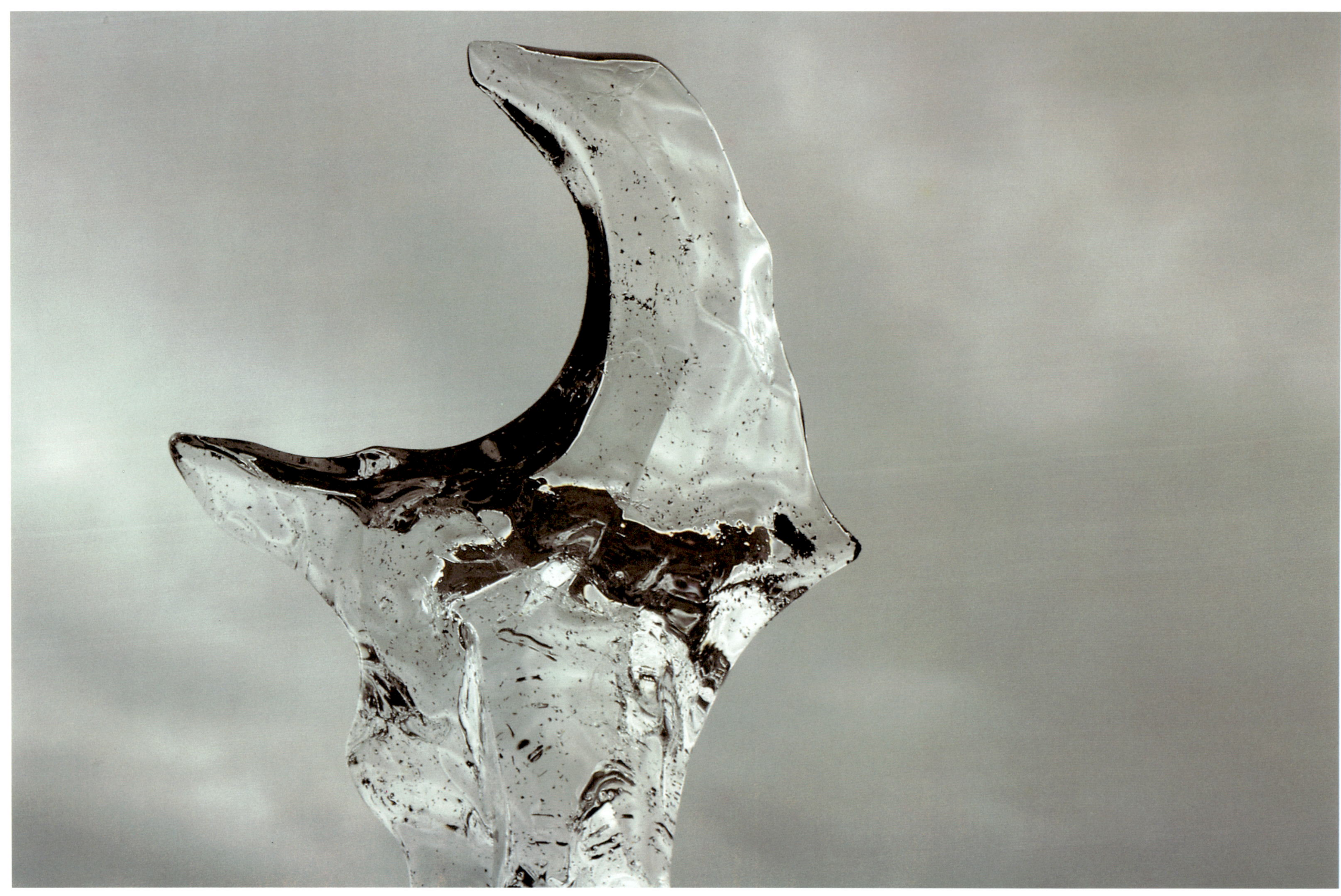

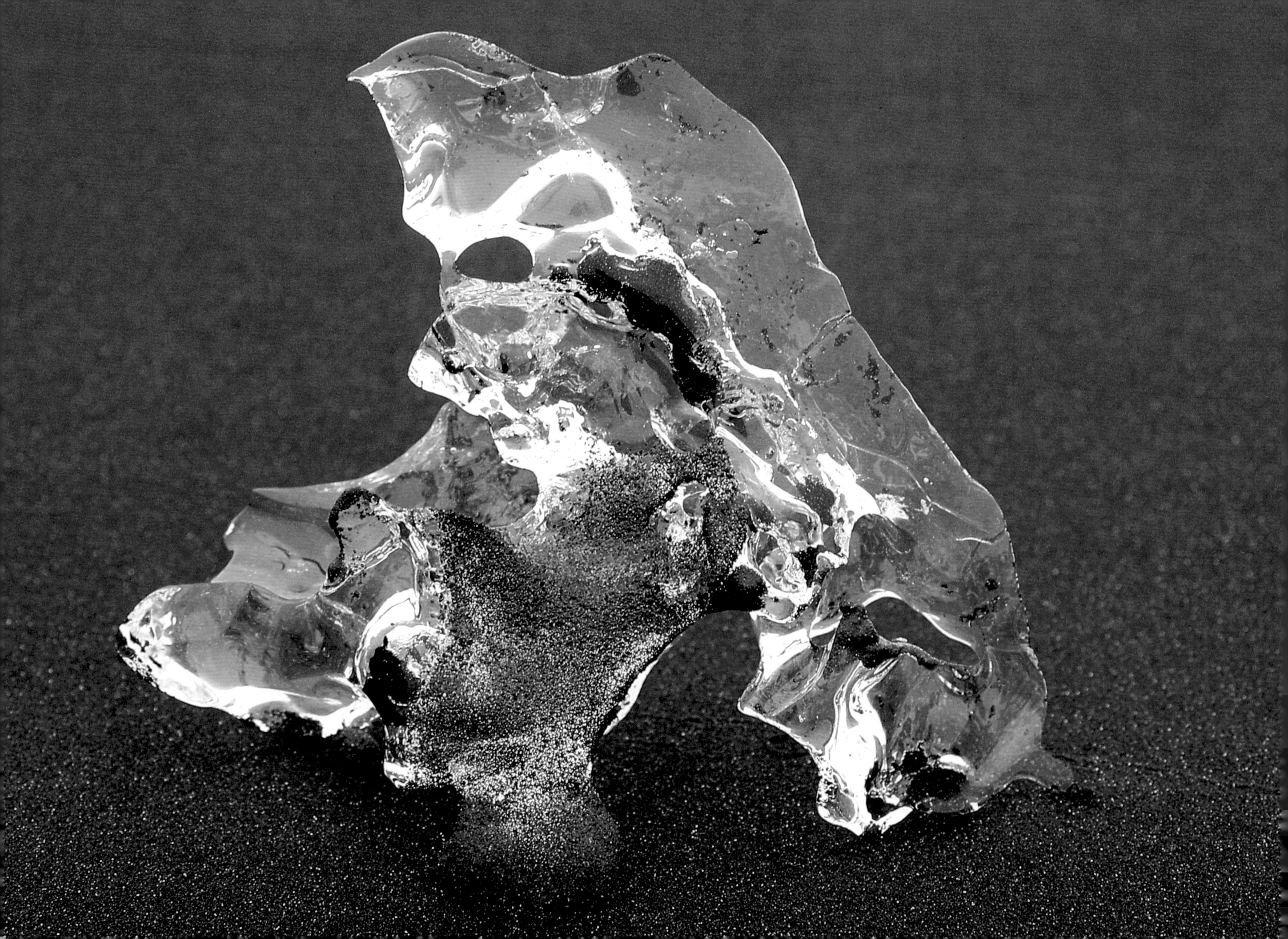

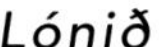

Lónið

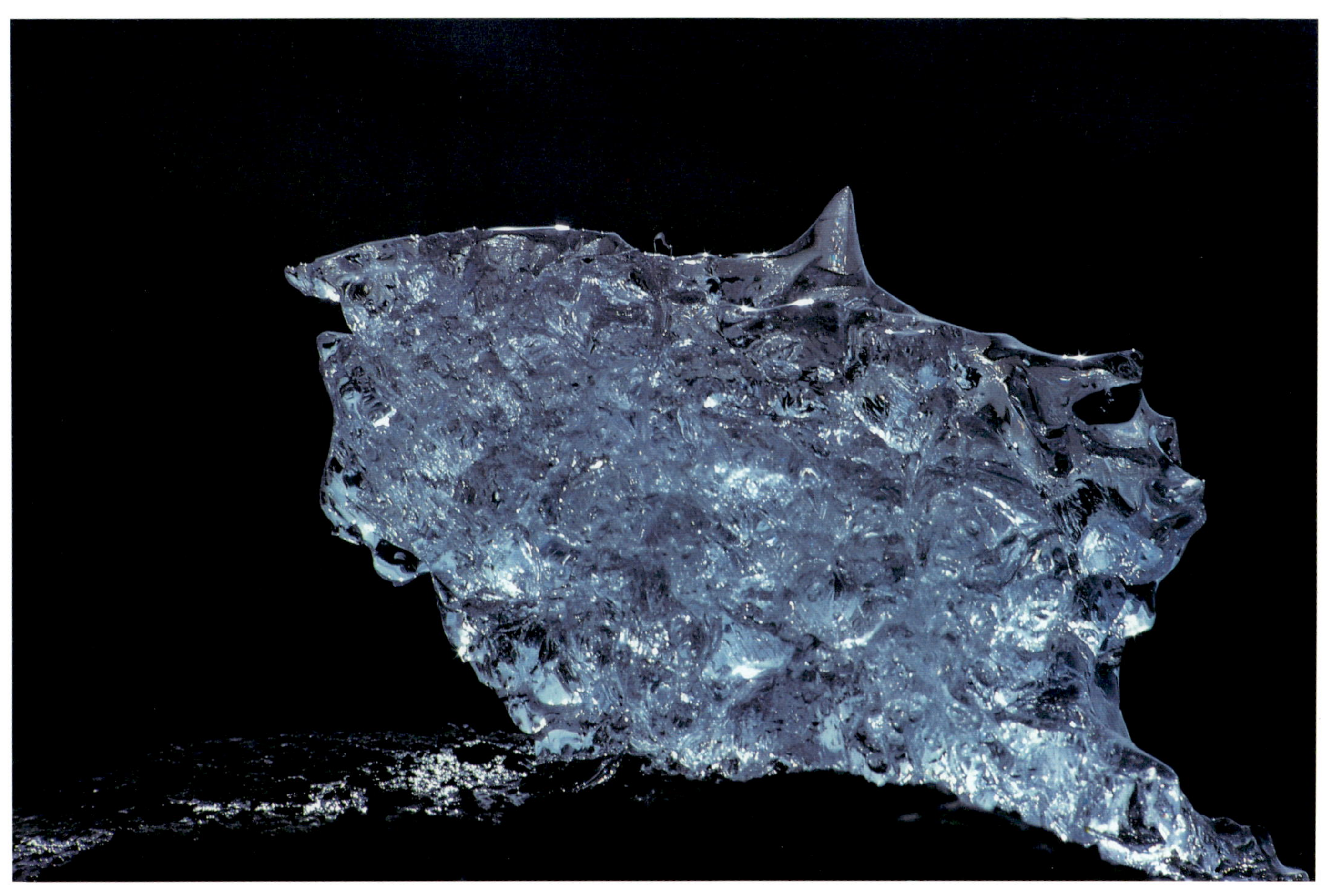

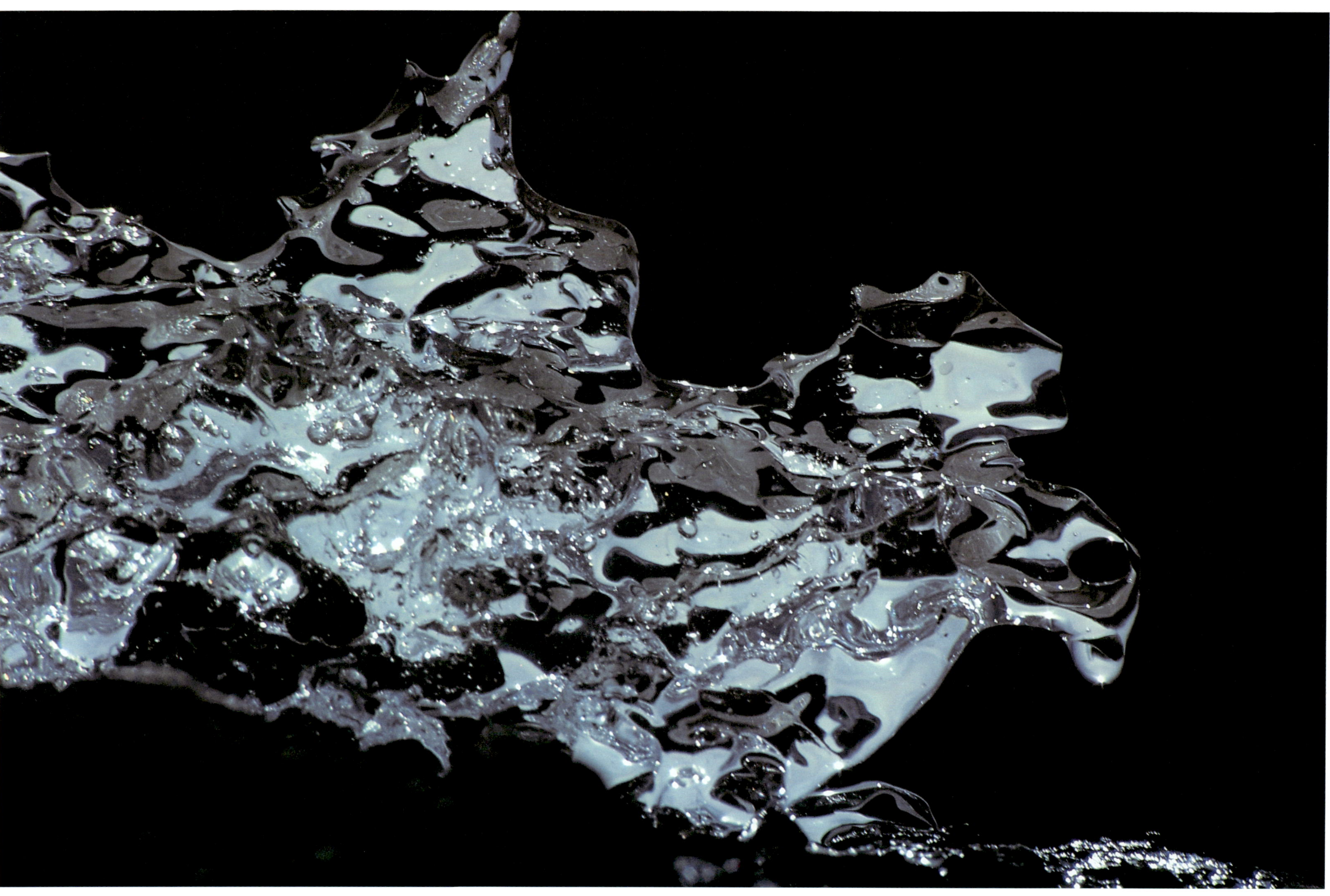

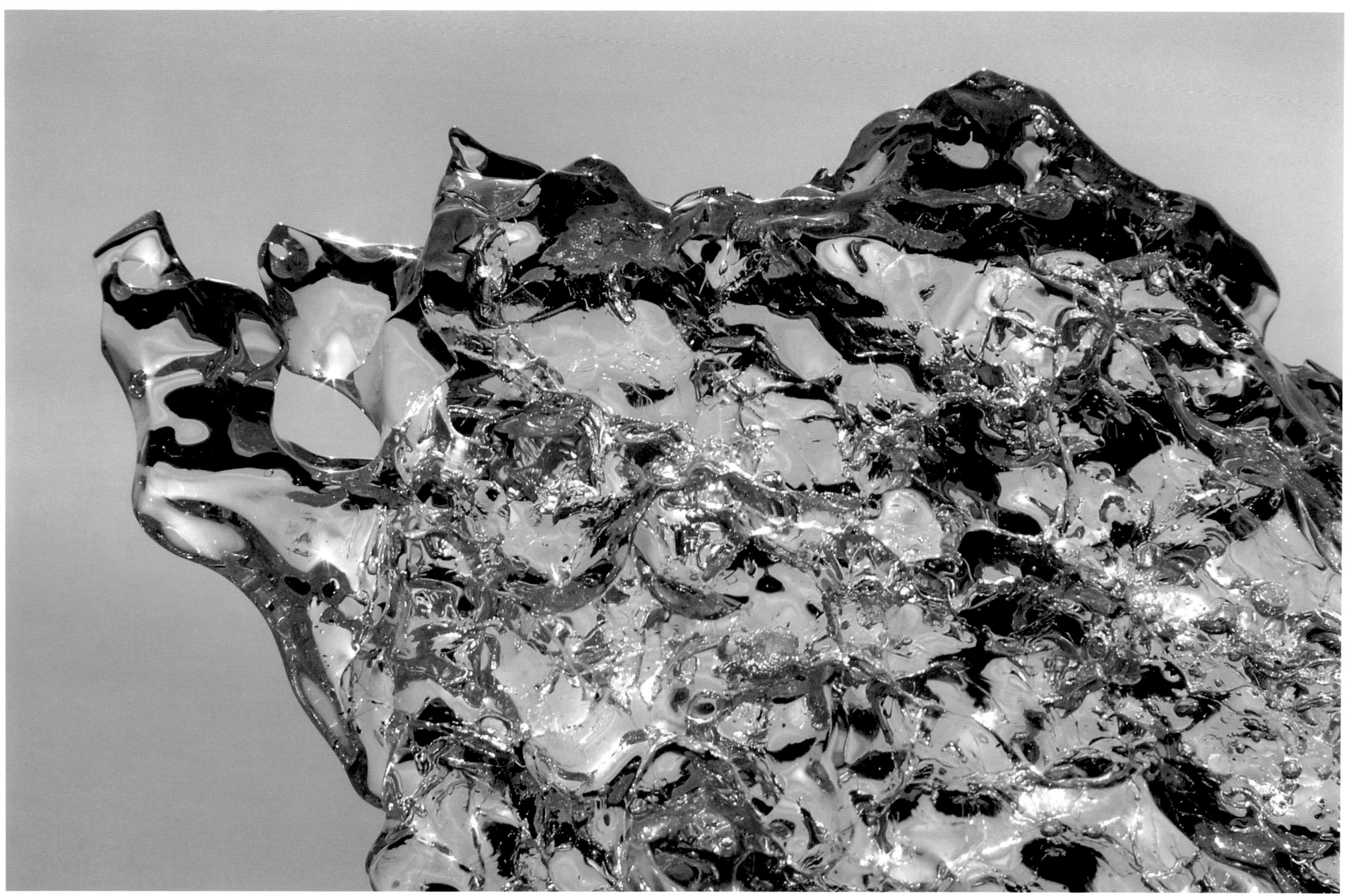

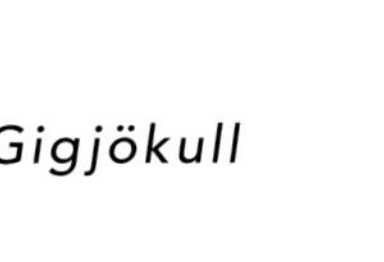

Gigjökull

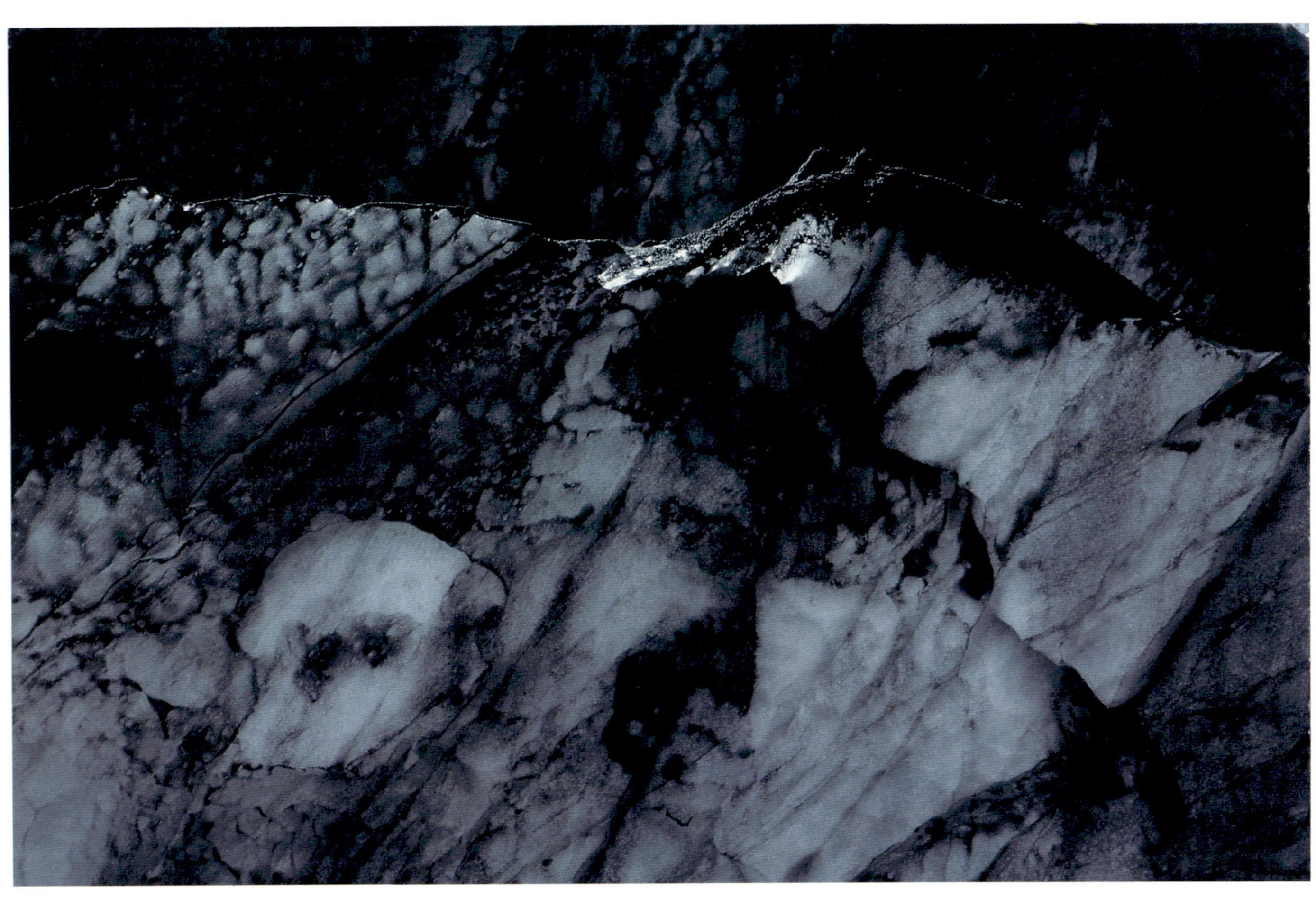

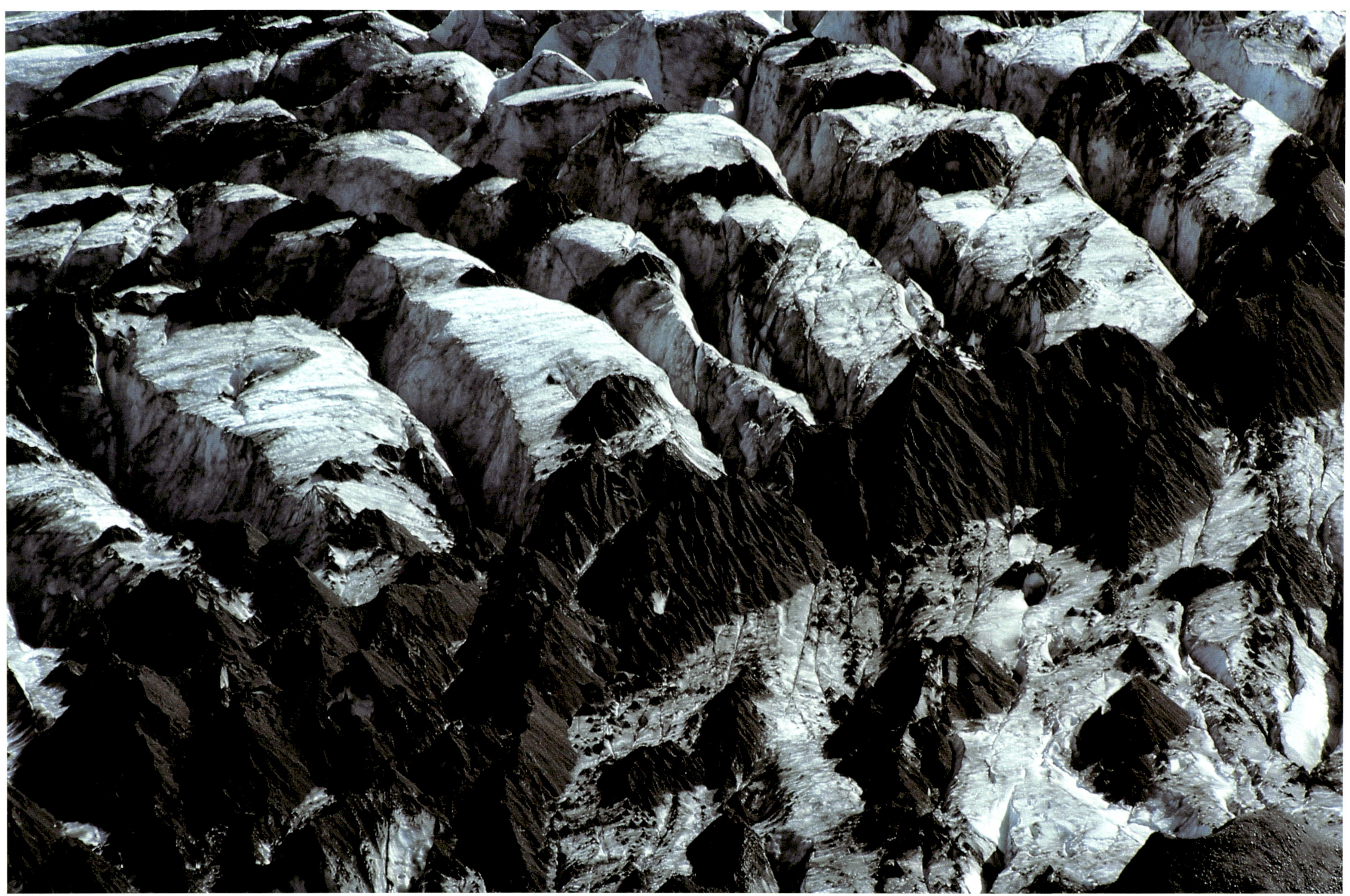

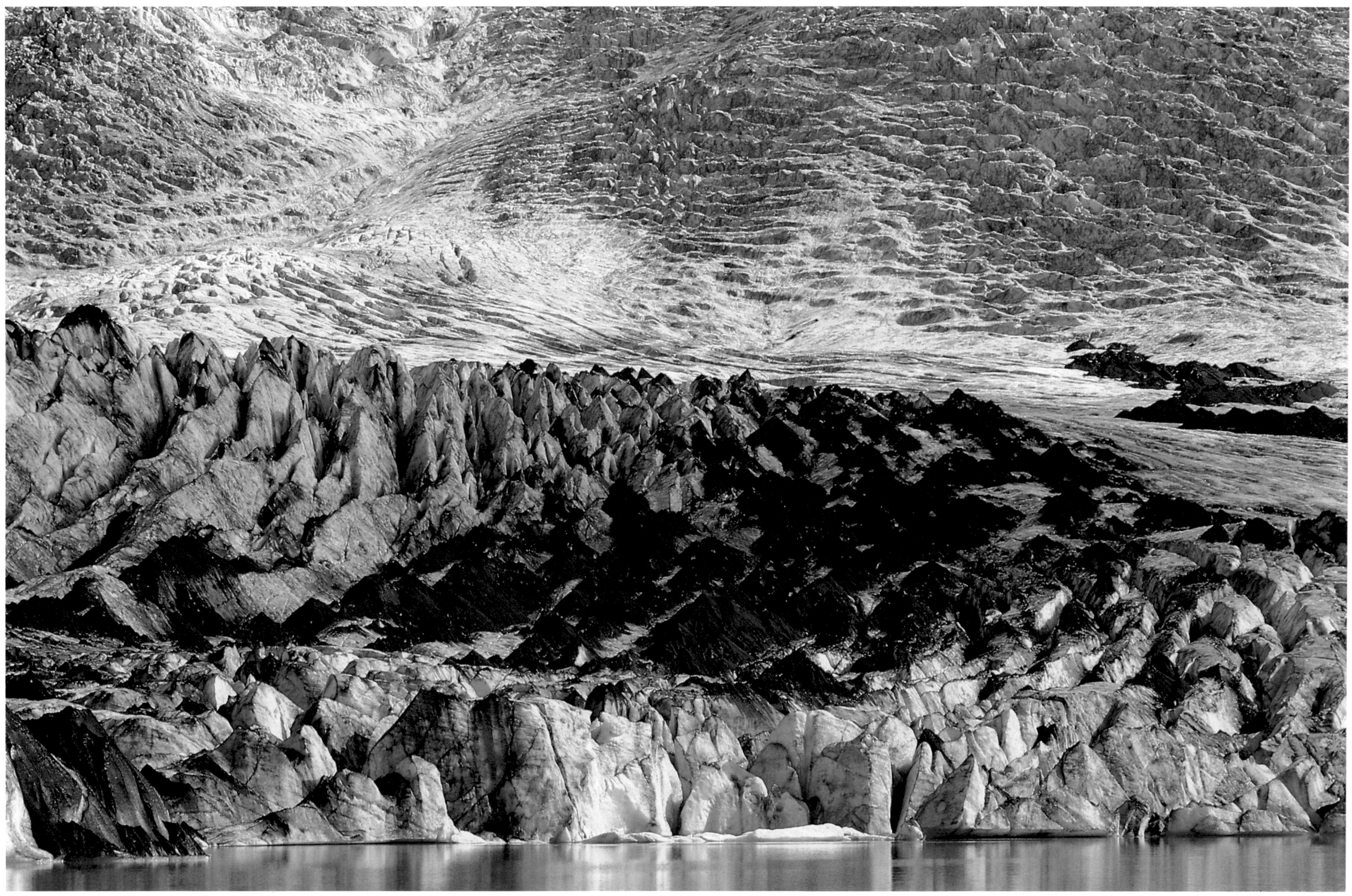

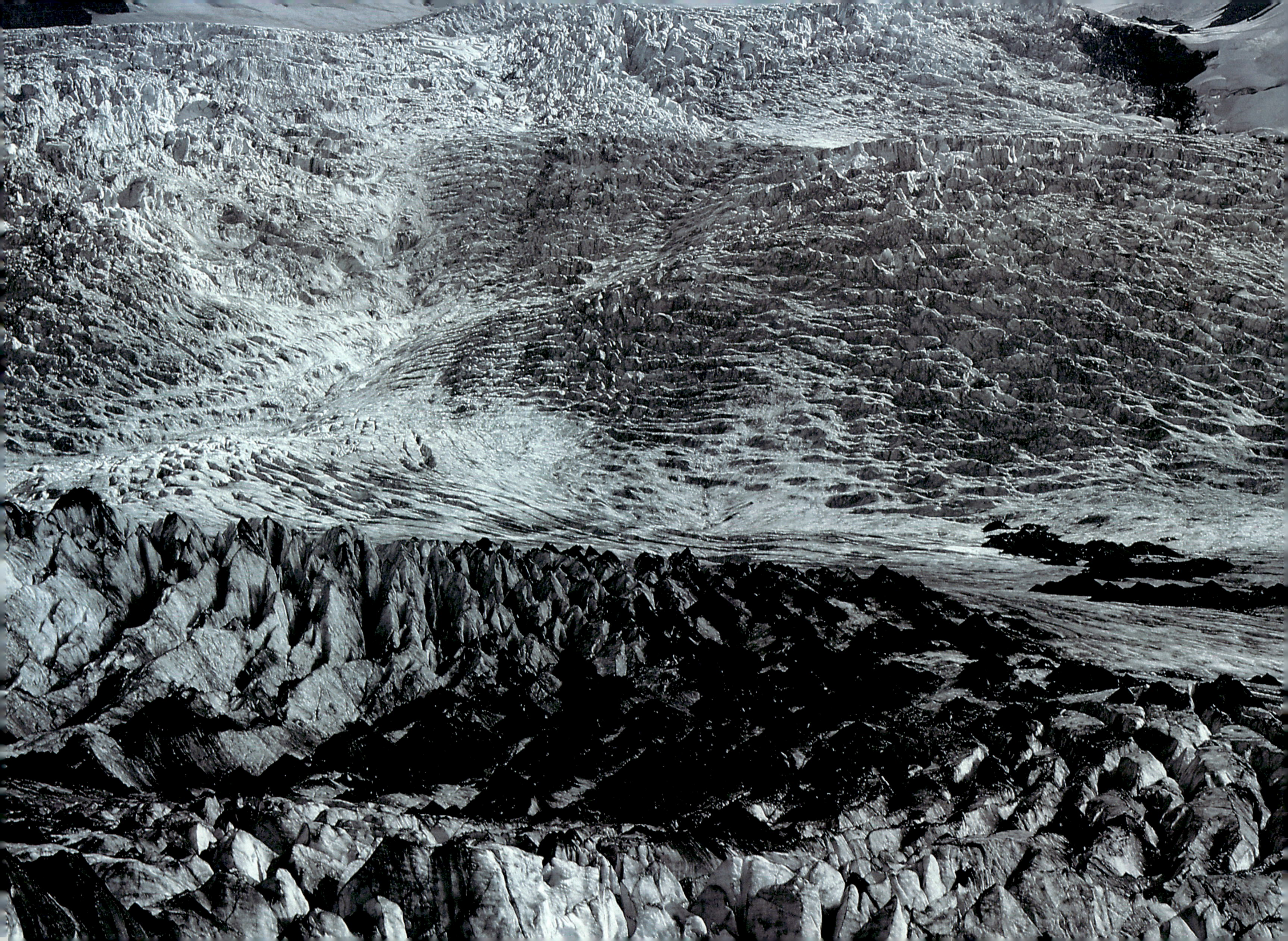

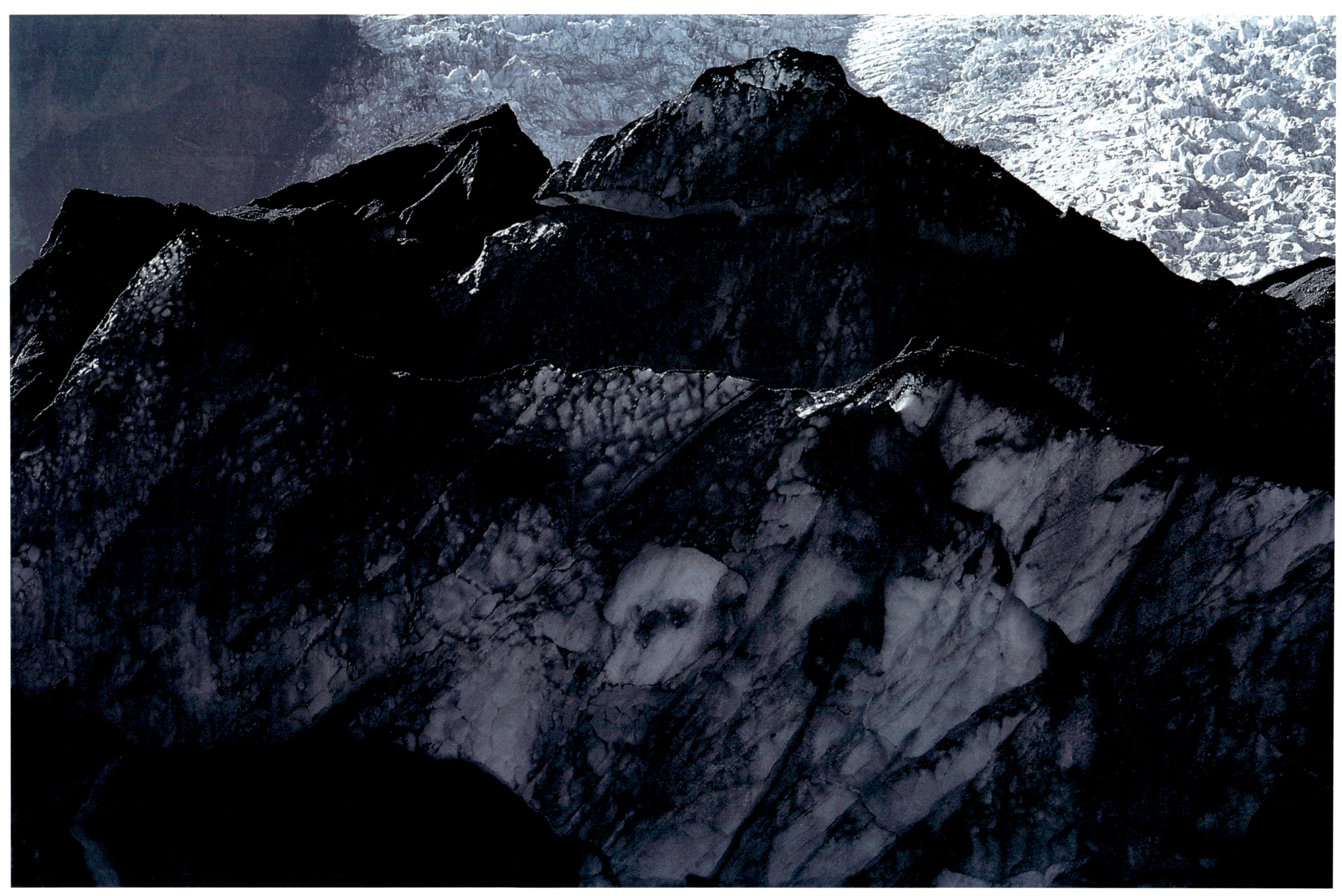

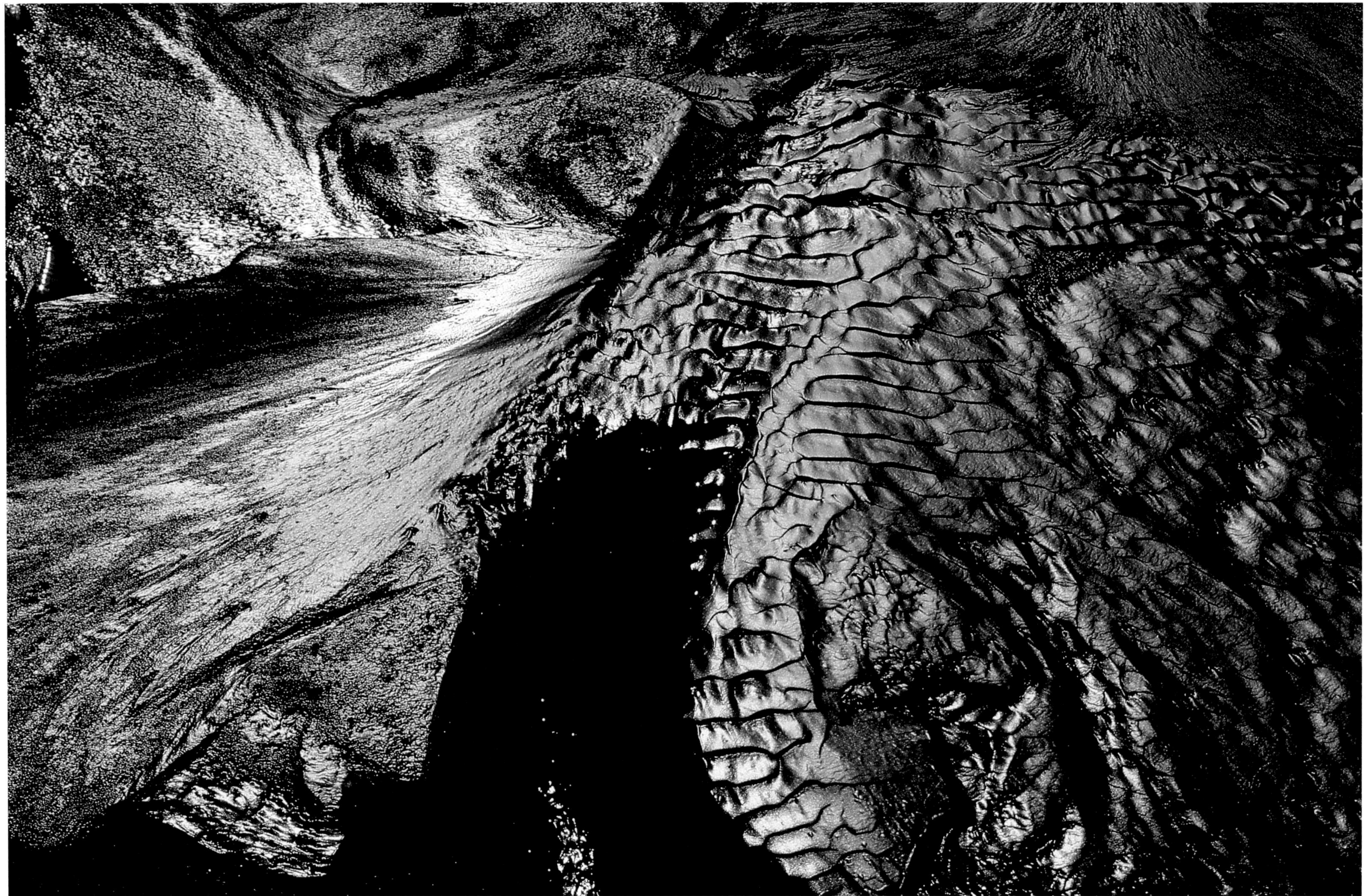

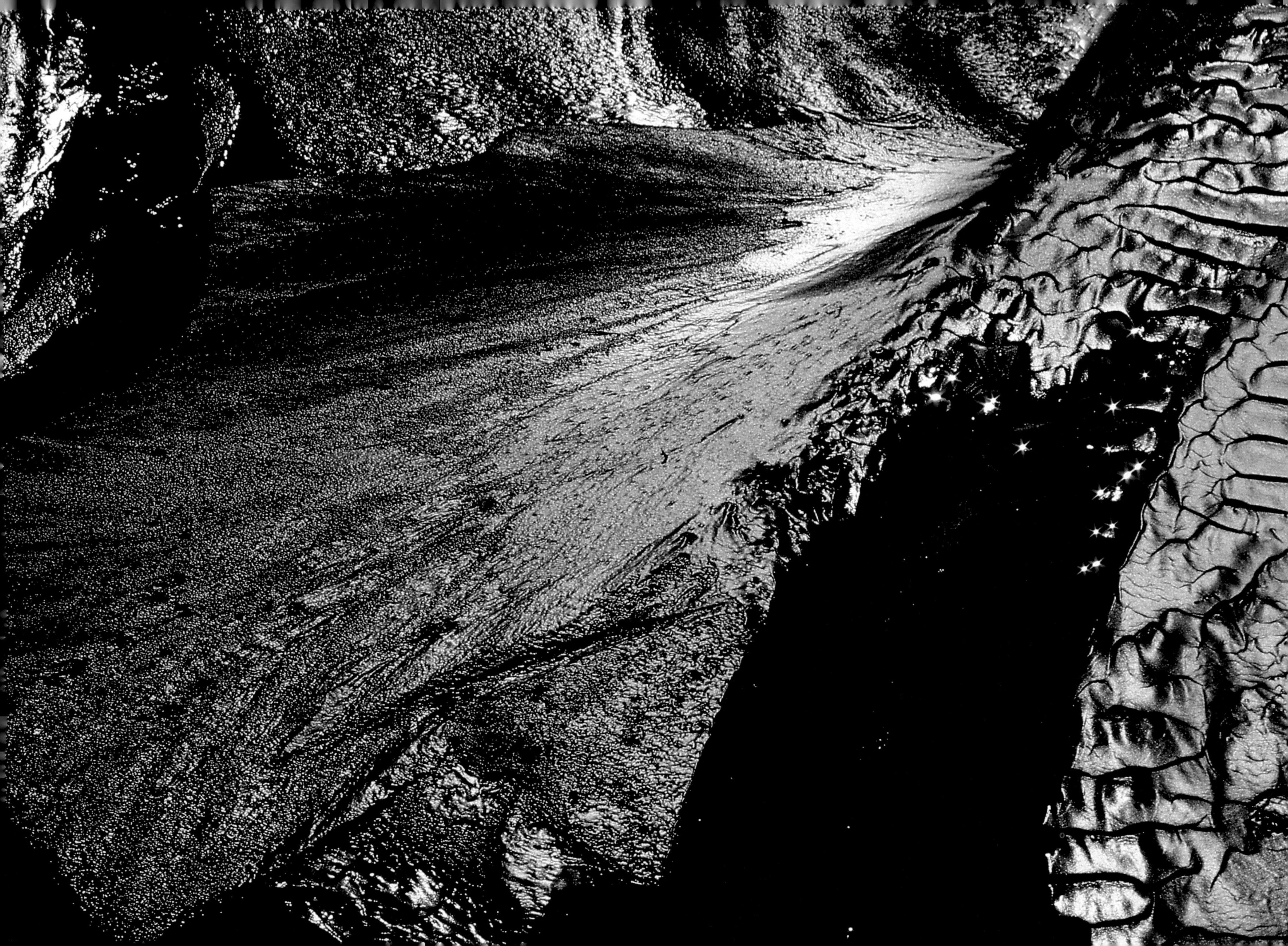

Skaftafellsjökull

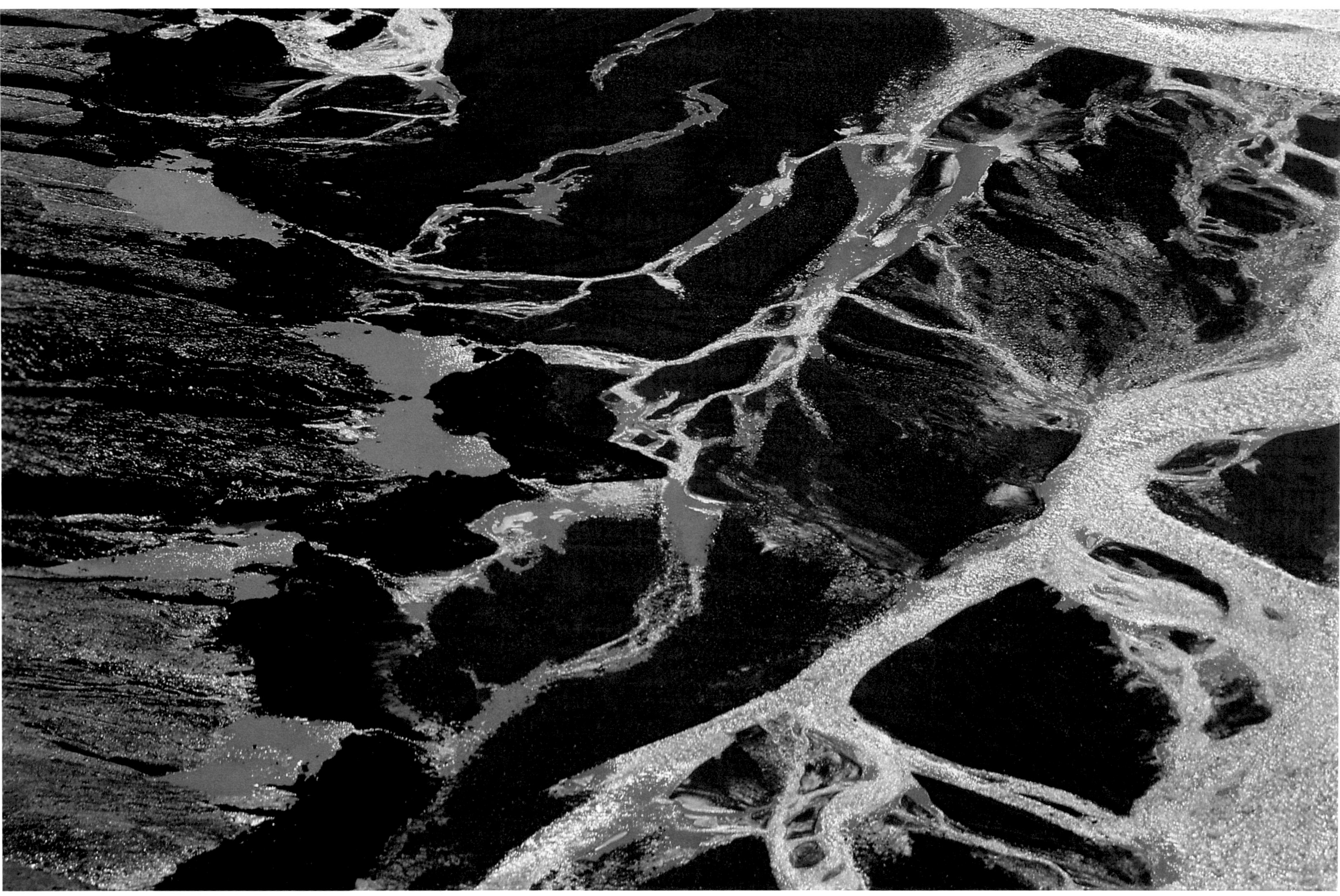

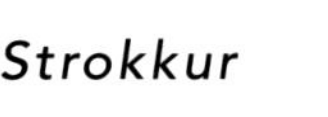

Strokkur

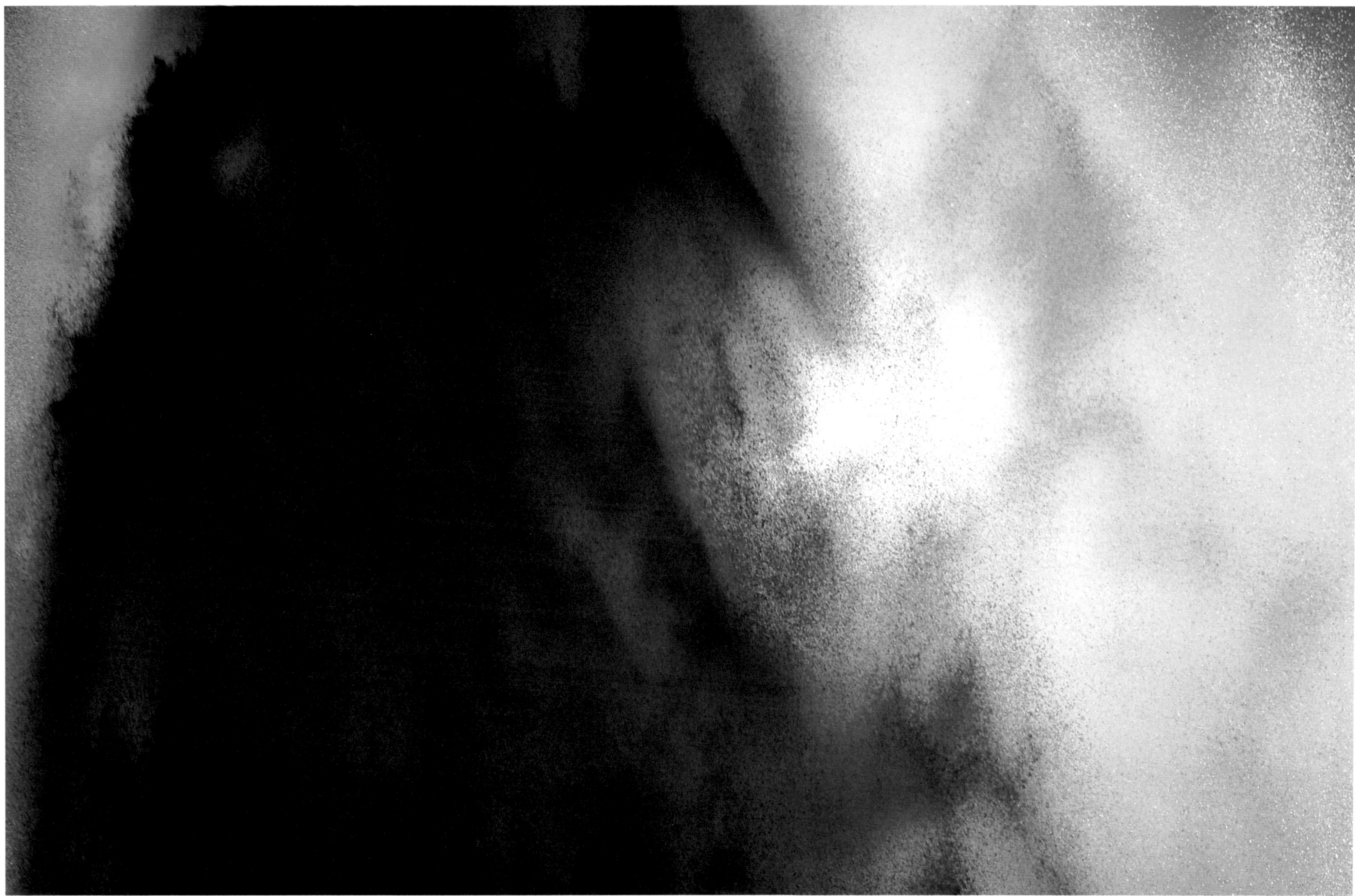

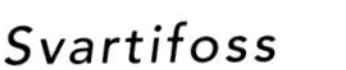

Svartifoss

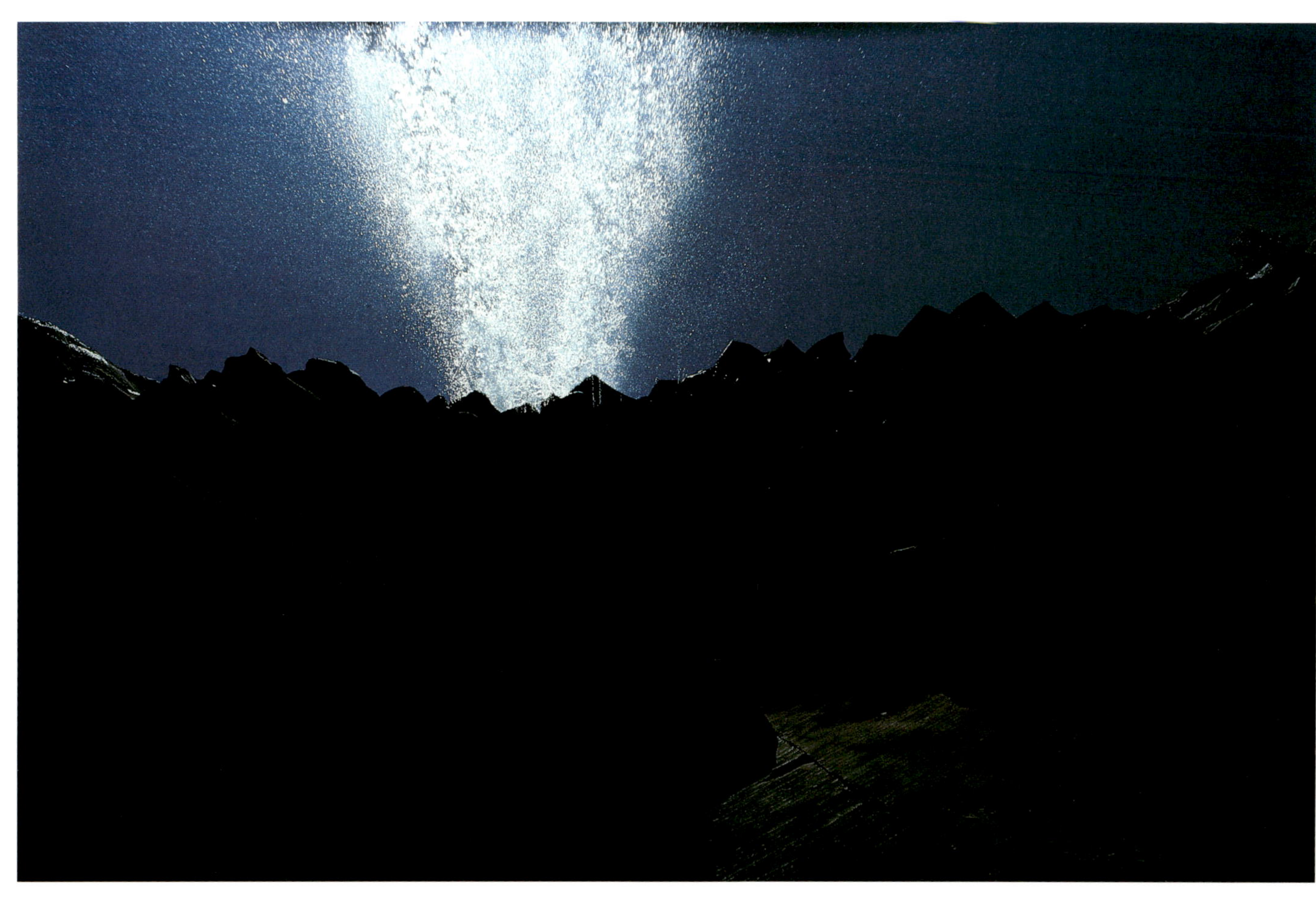

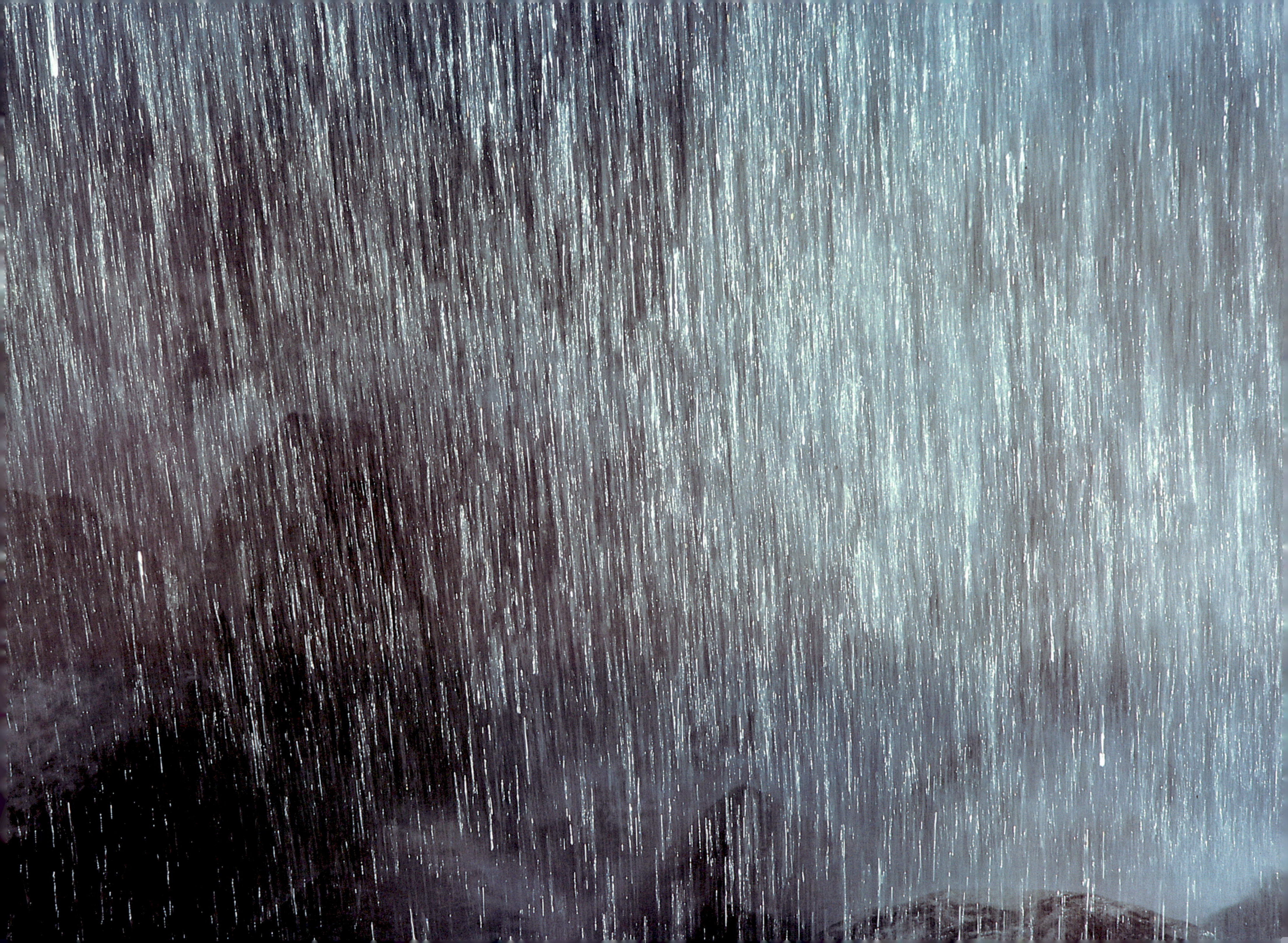

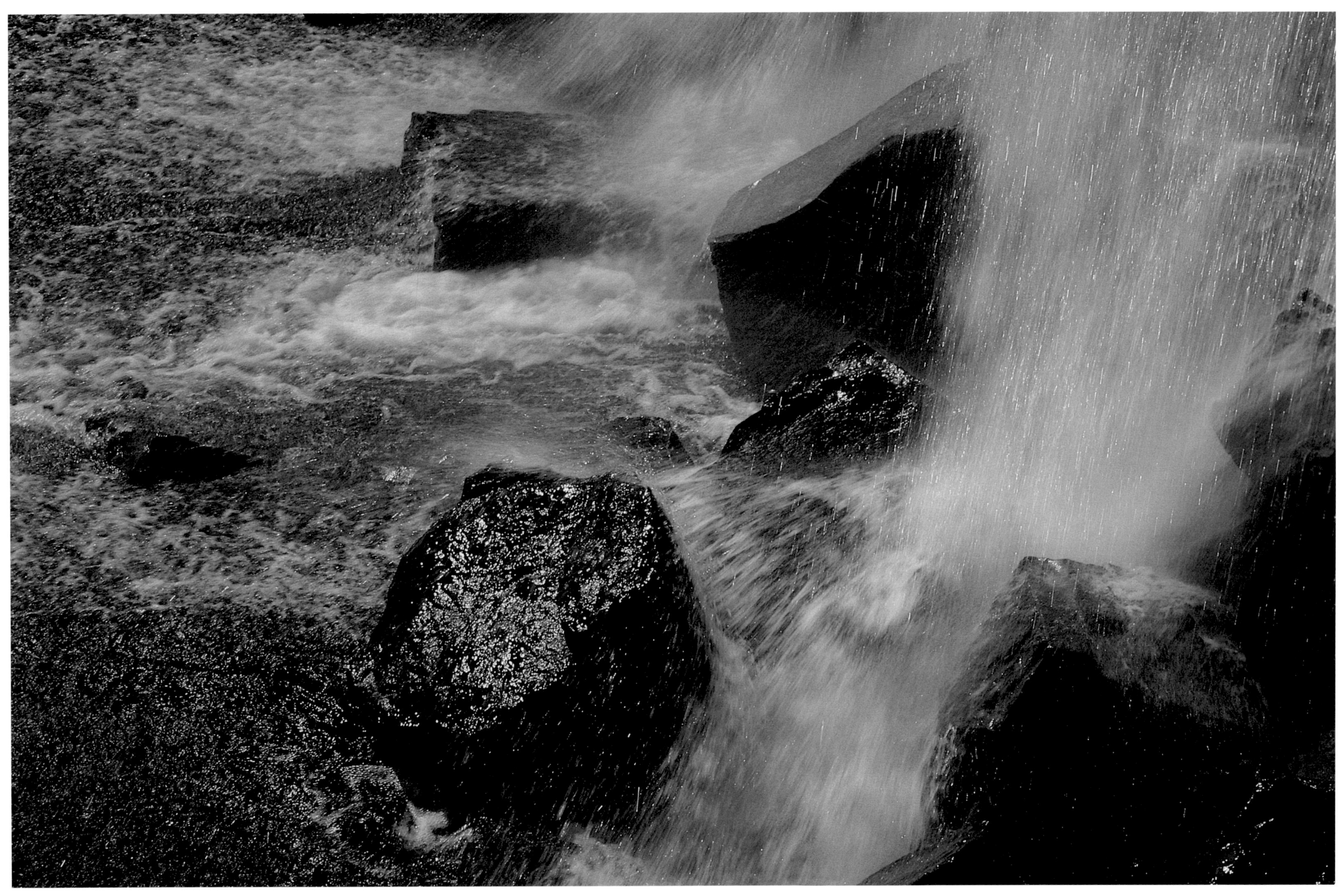

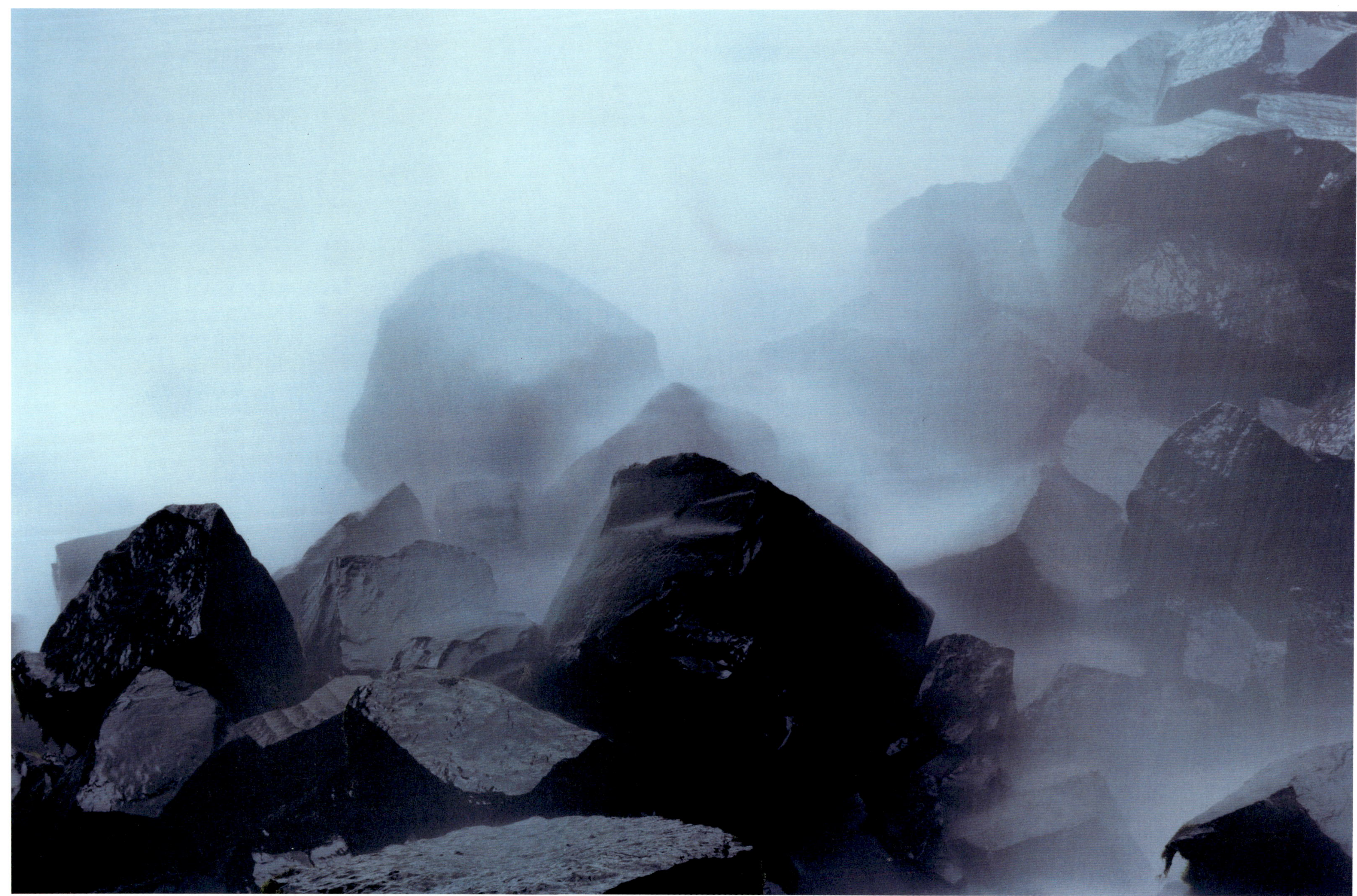

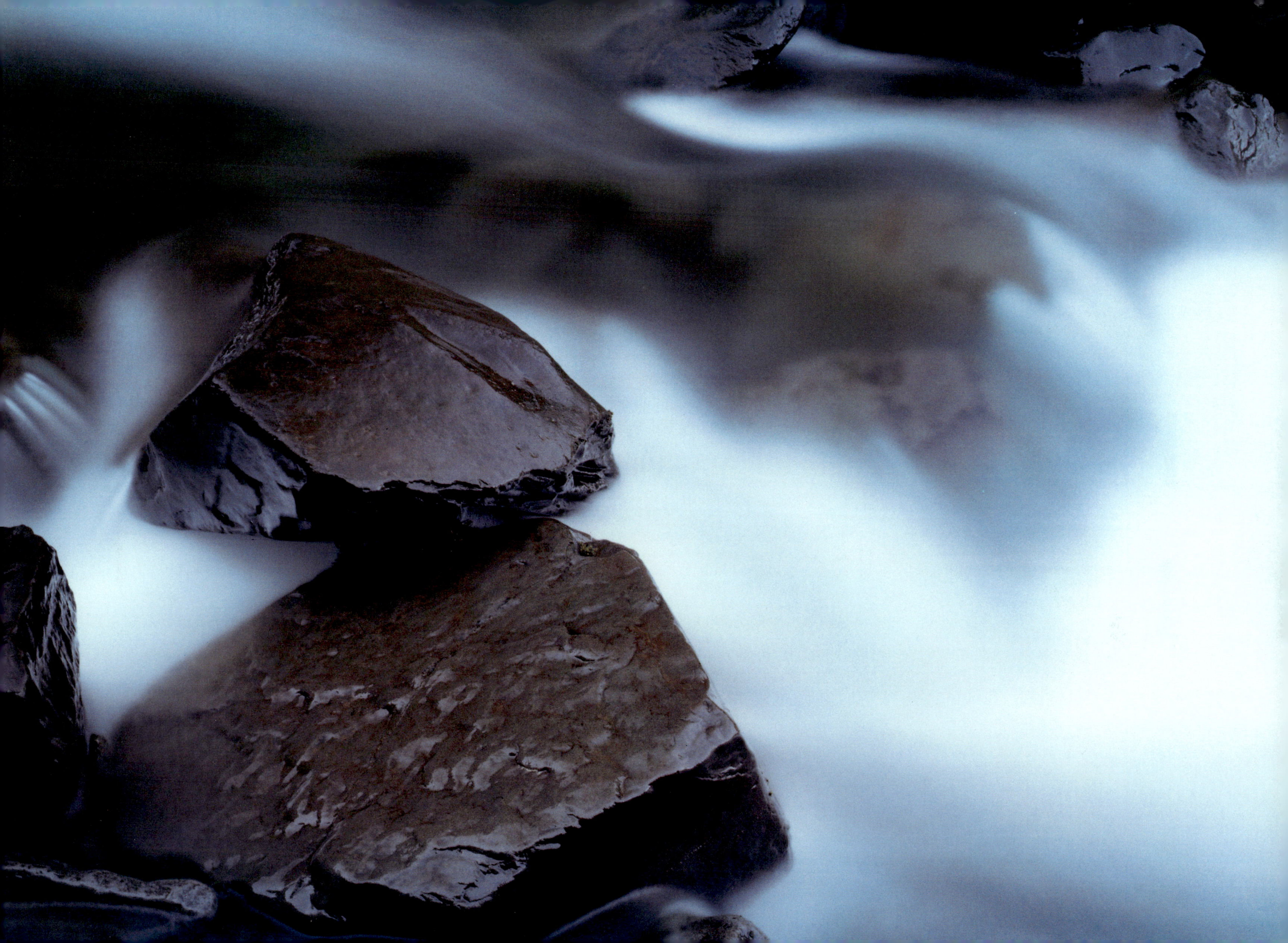

Herðubreiðarlindir

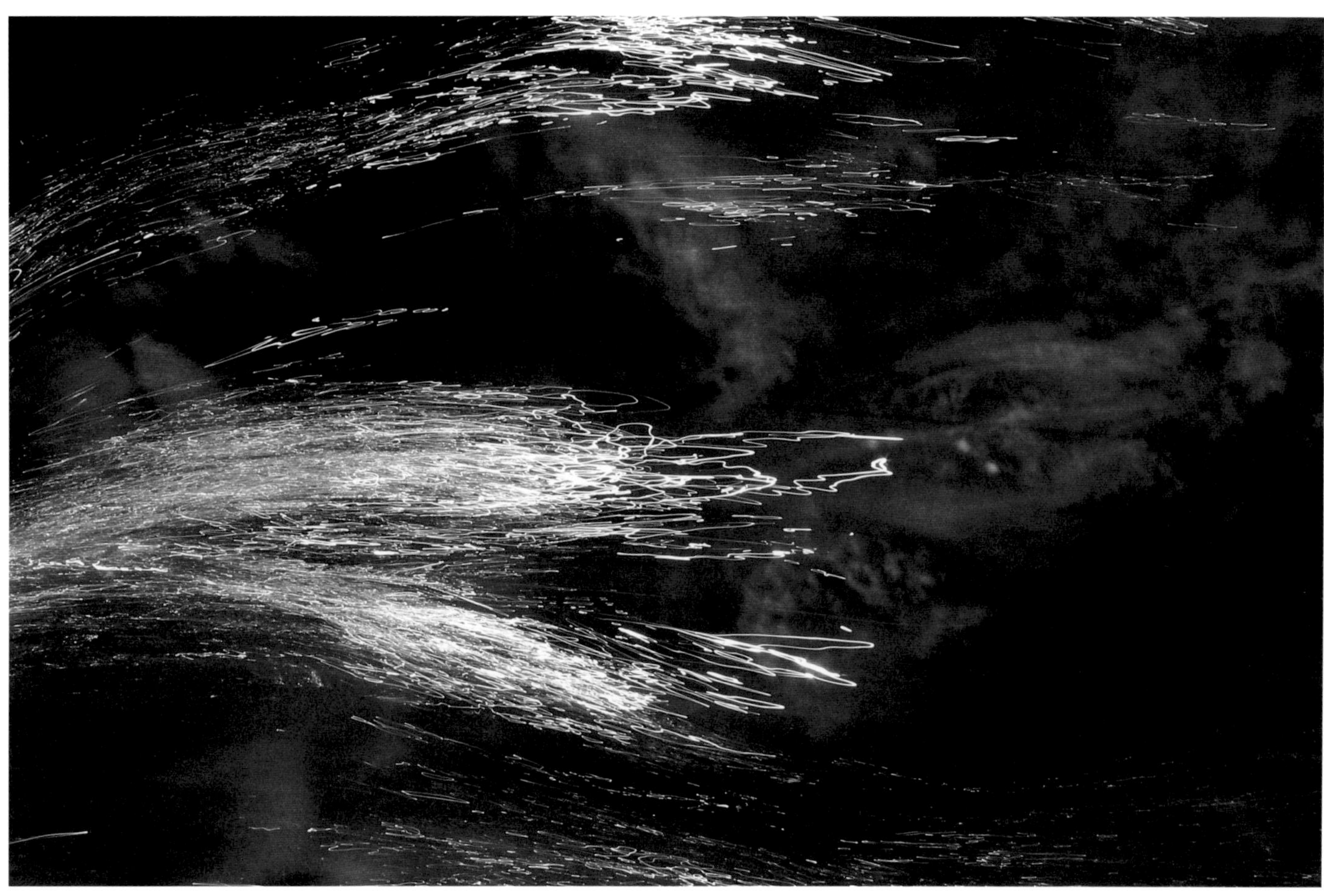

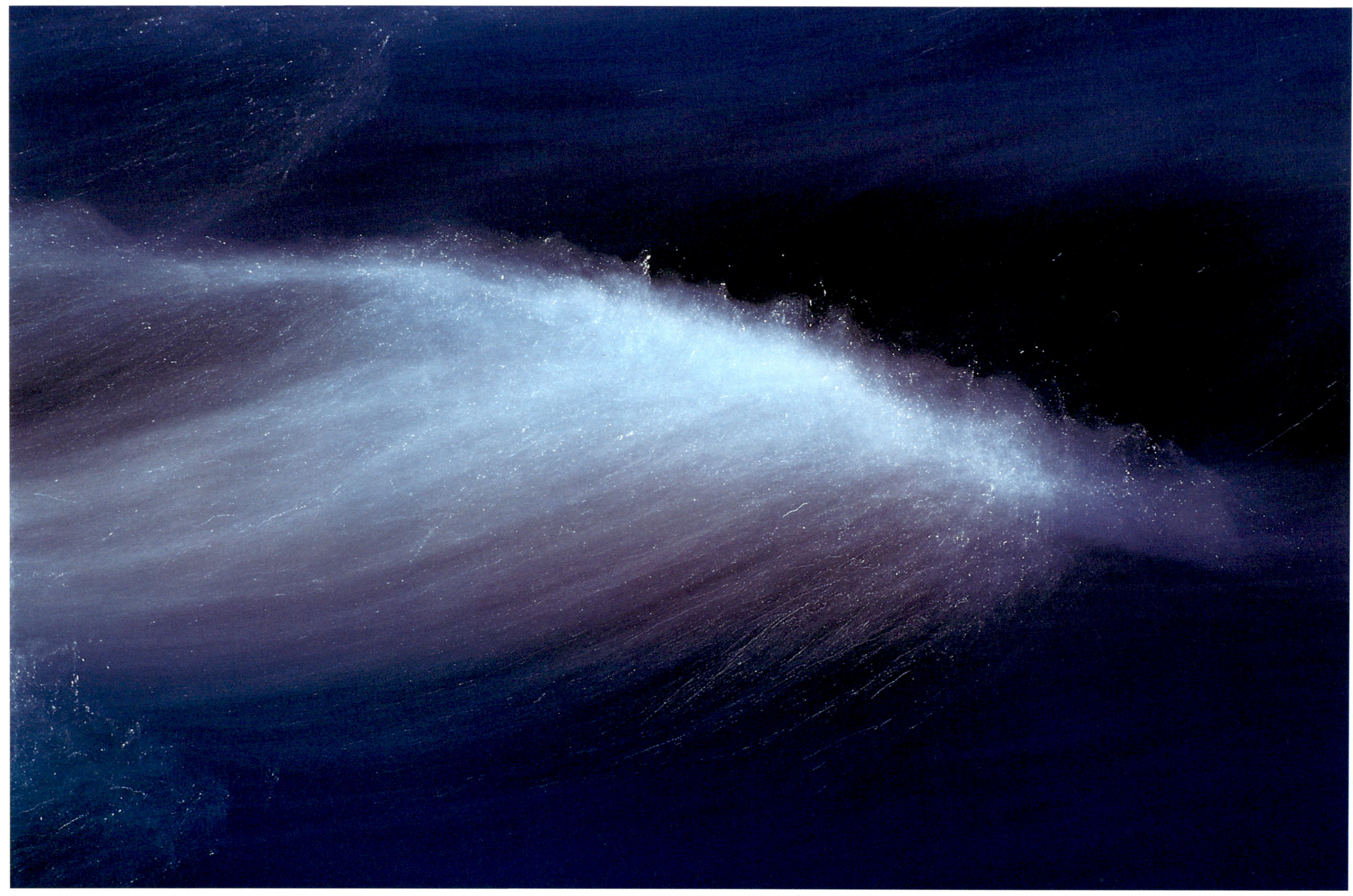

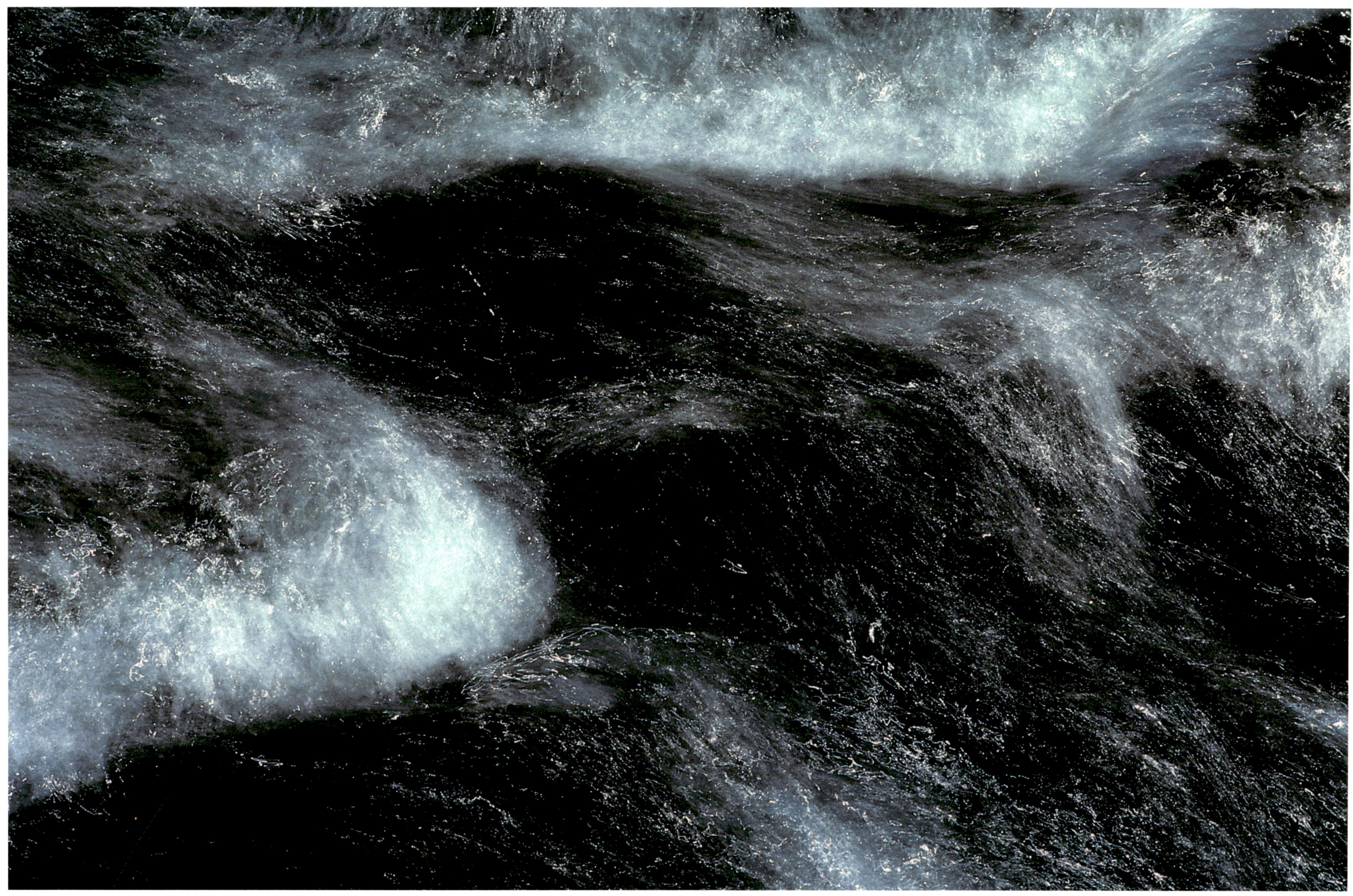

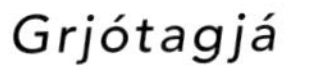

Grjótagjá

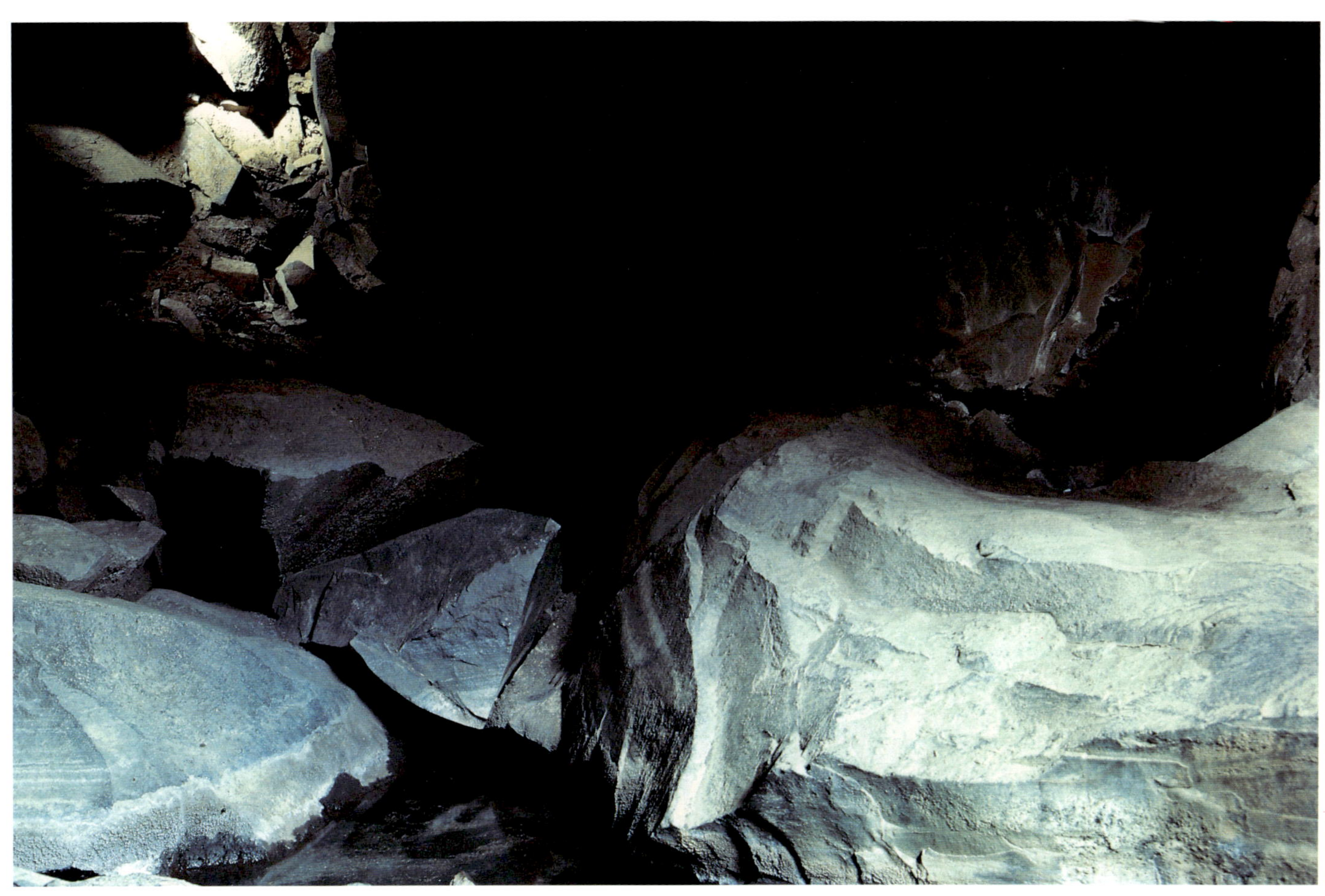

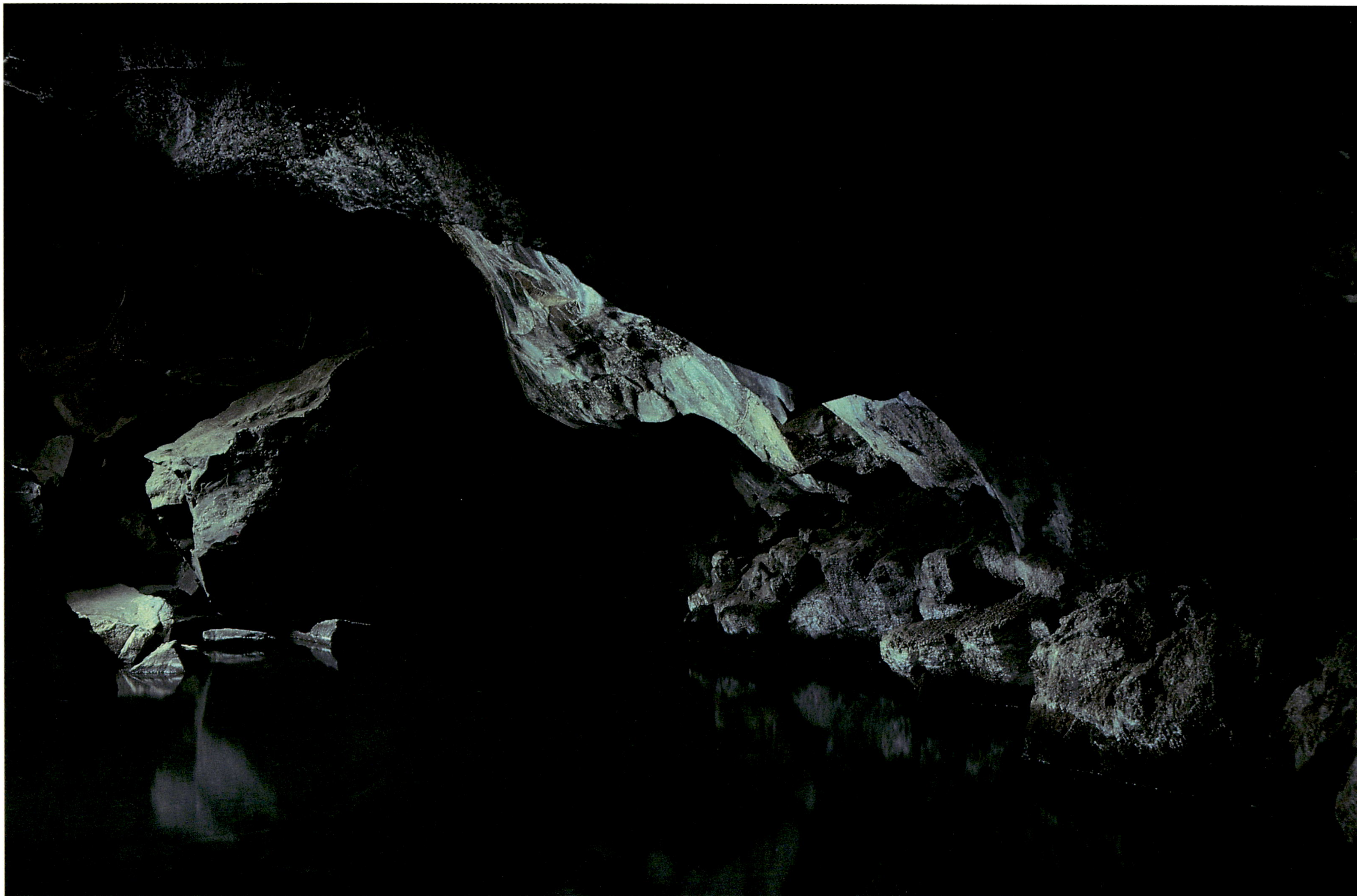

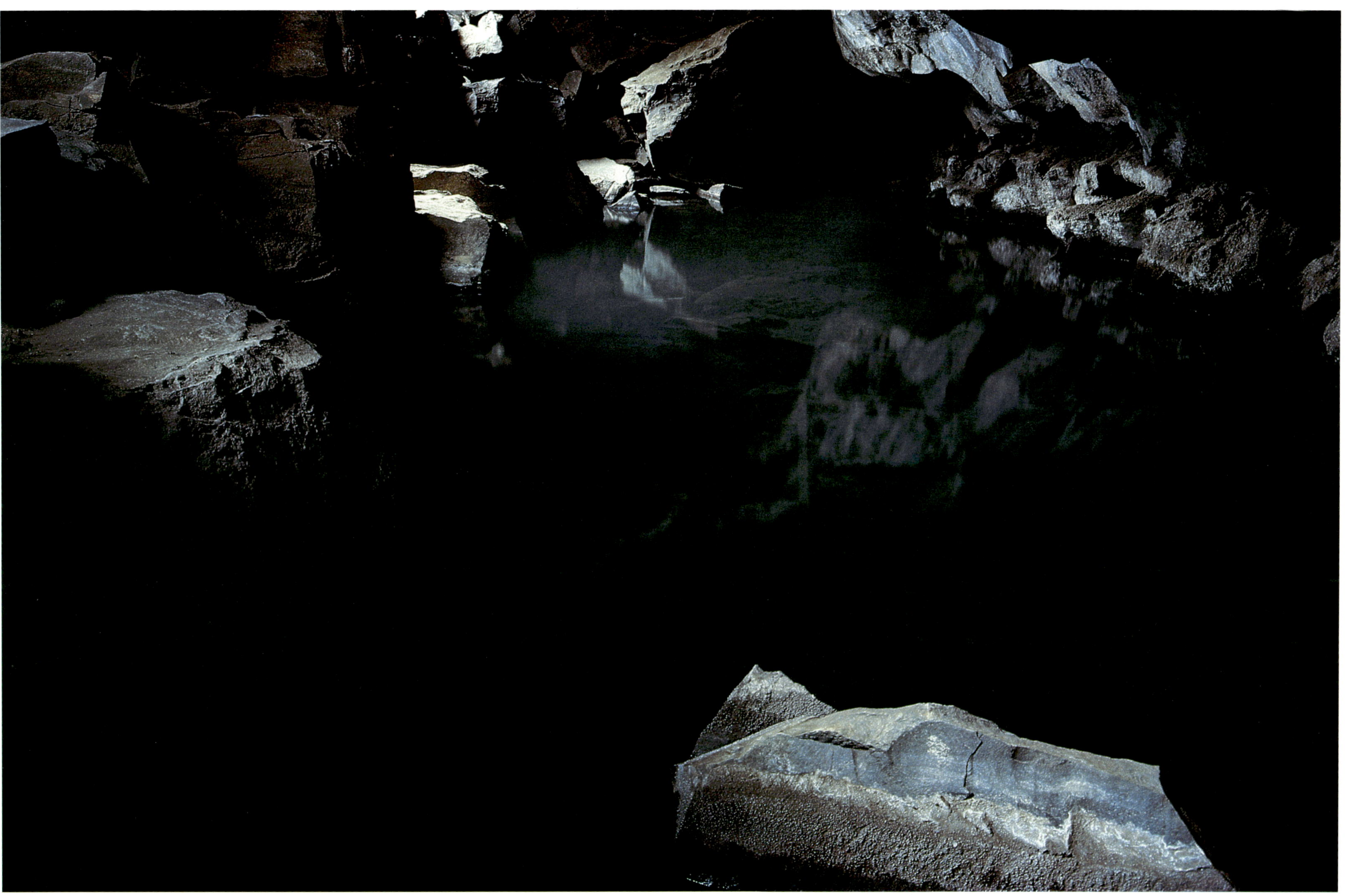

Krafla

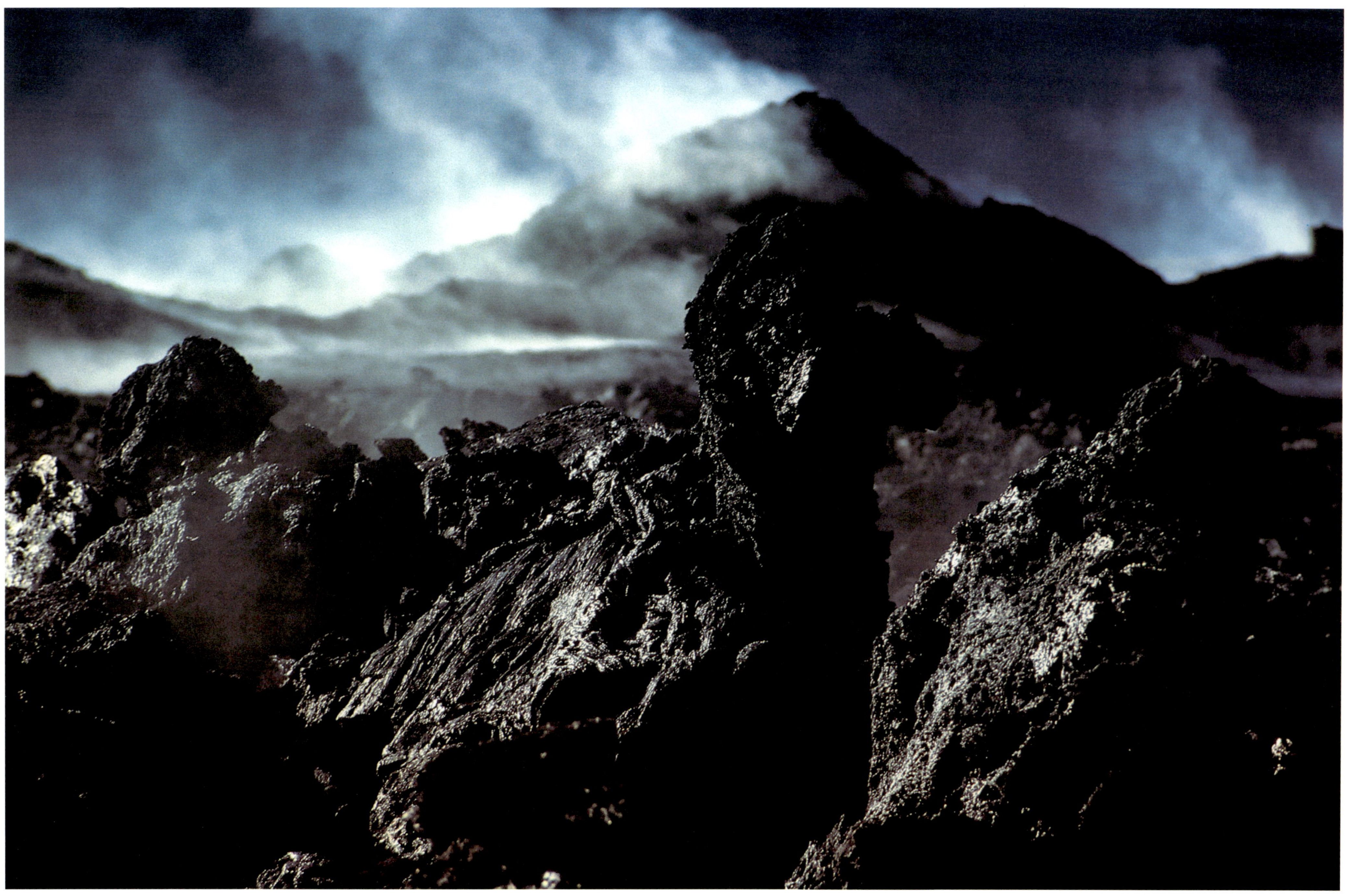

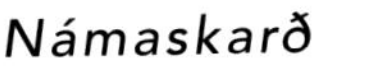

Námaskarð

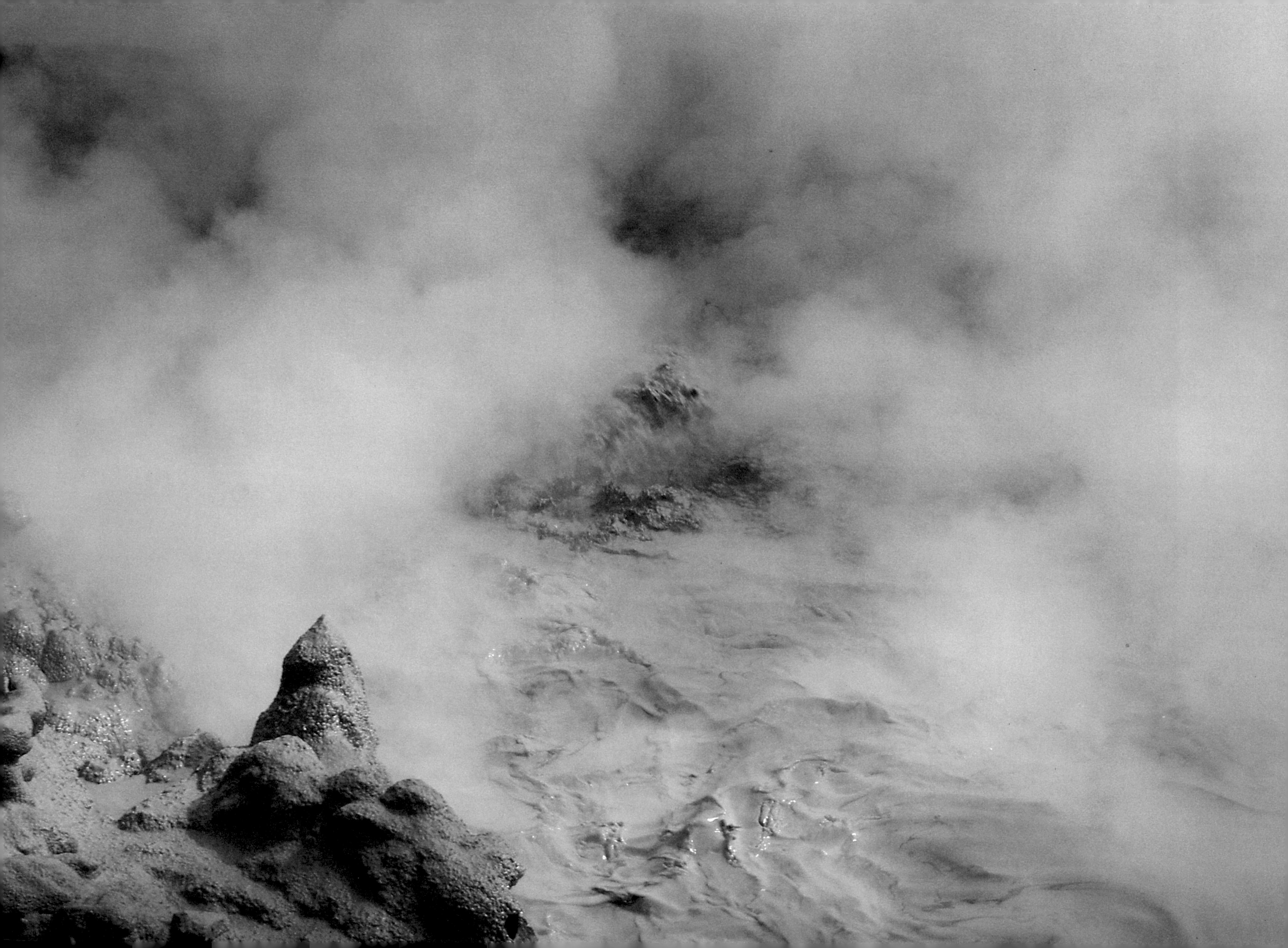

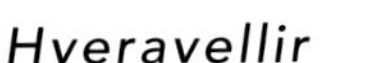

Hveravellir

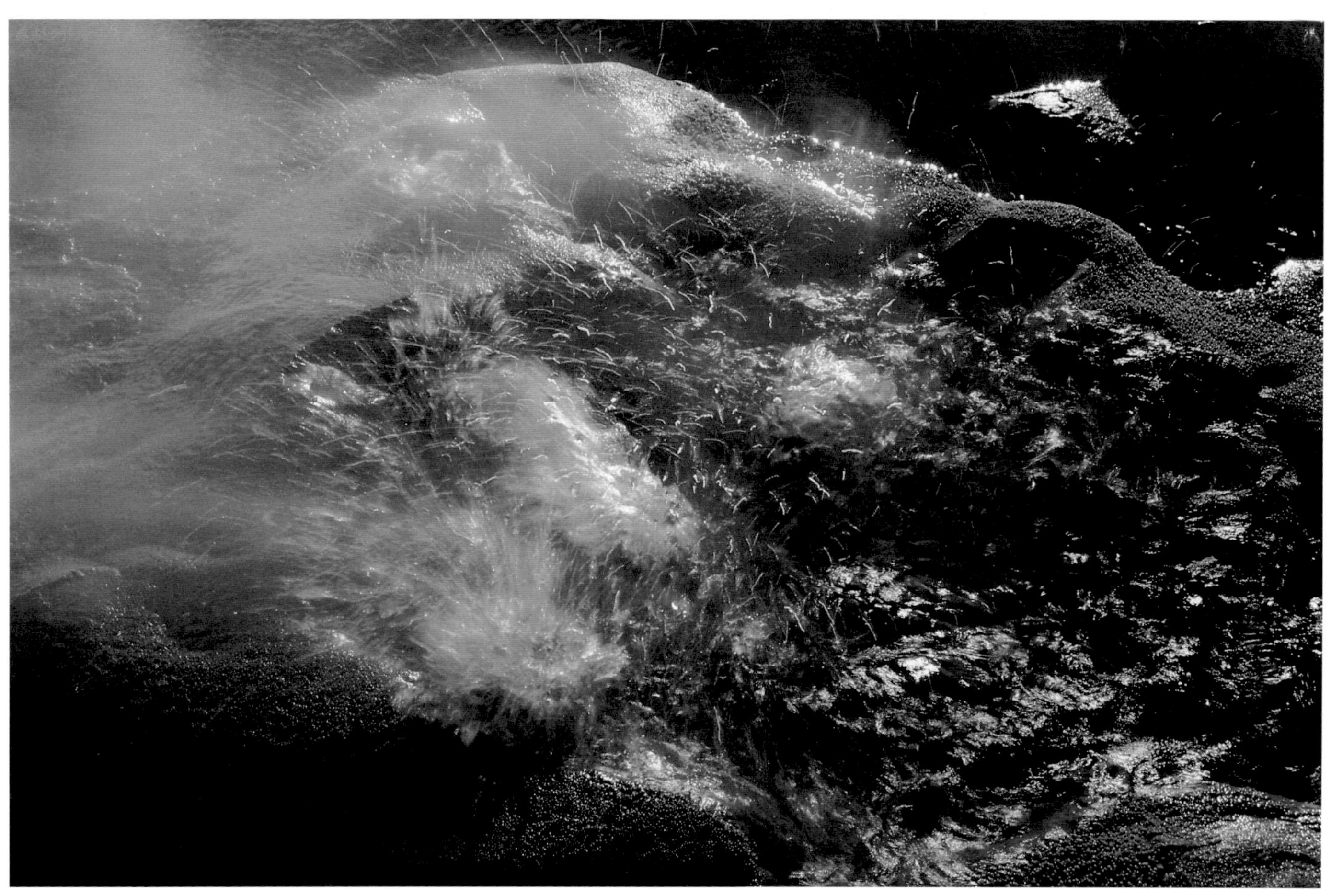

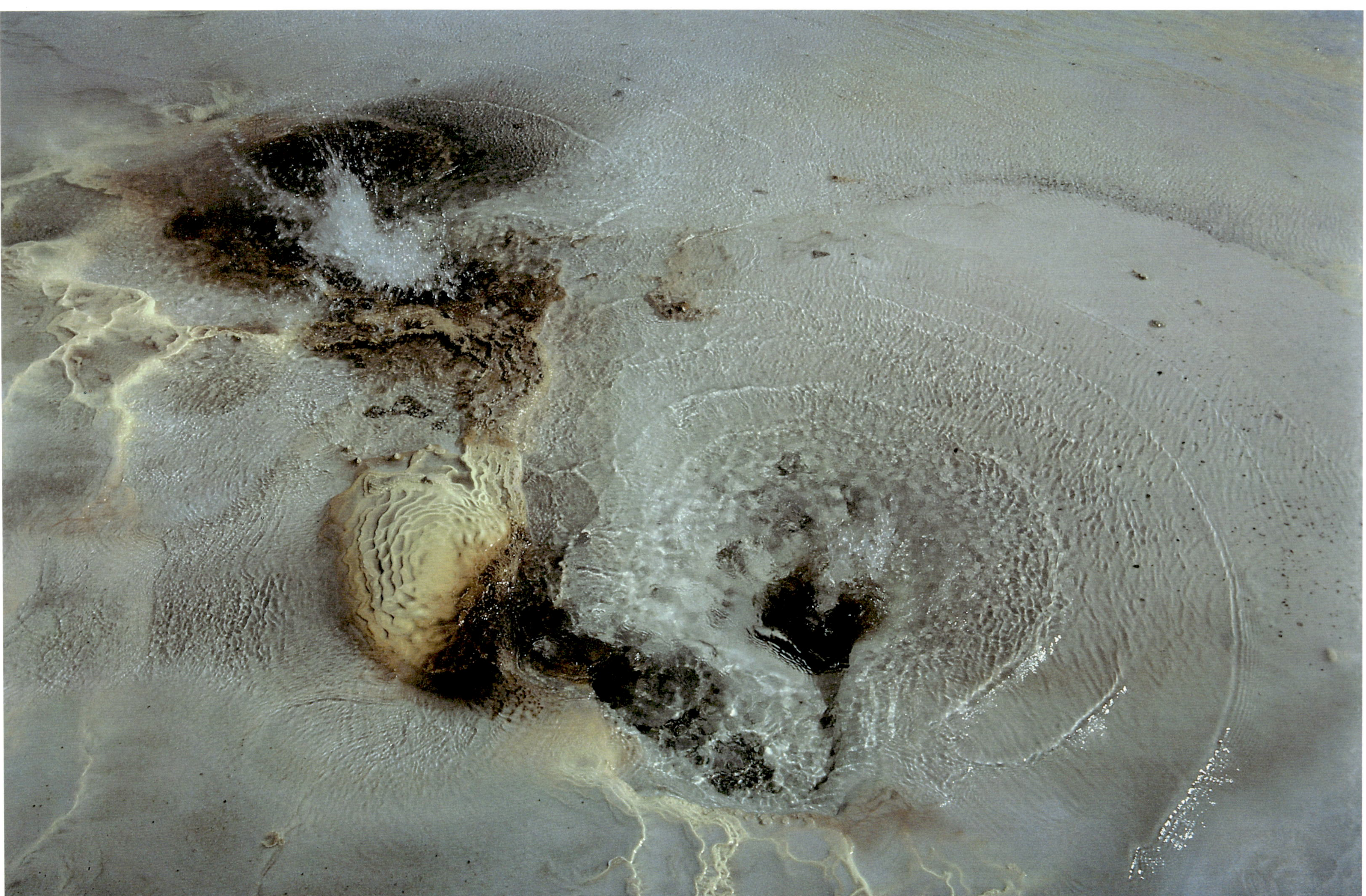

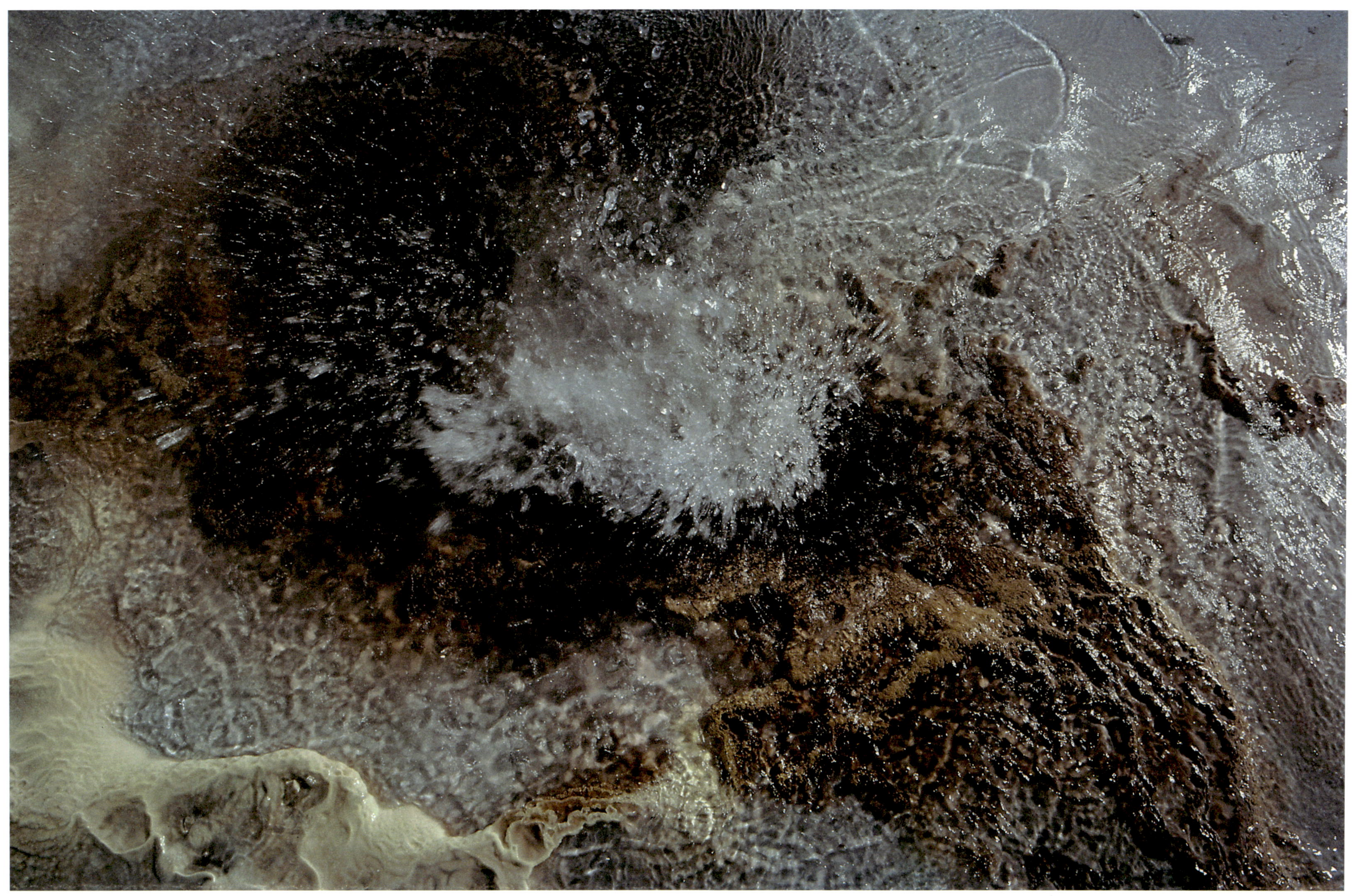

Kverkfjöll

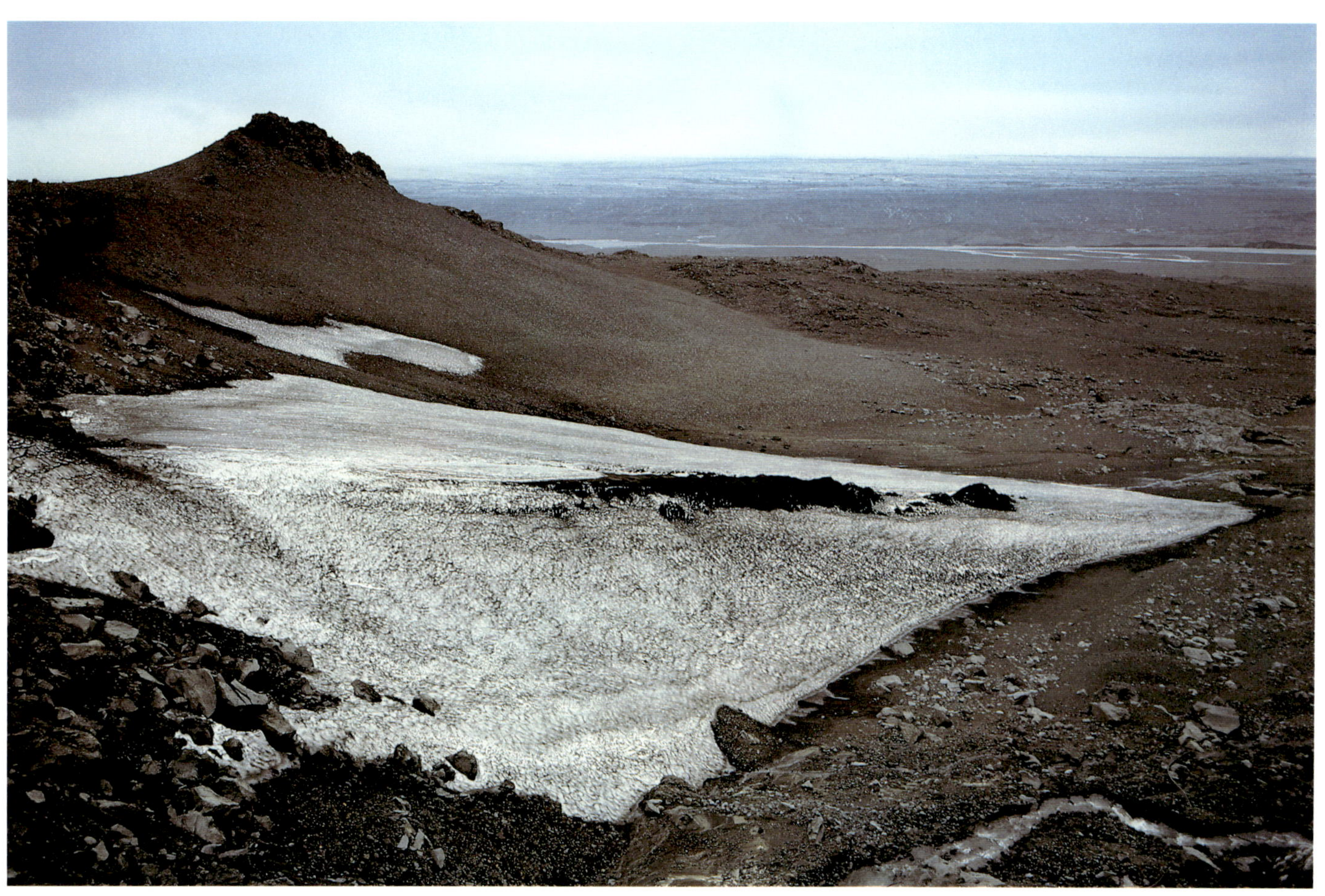

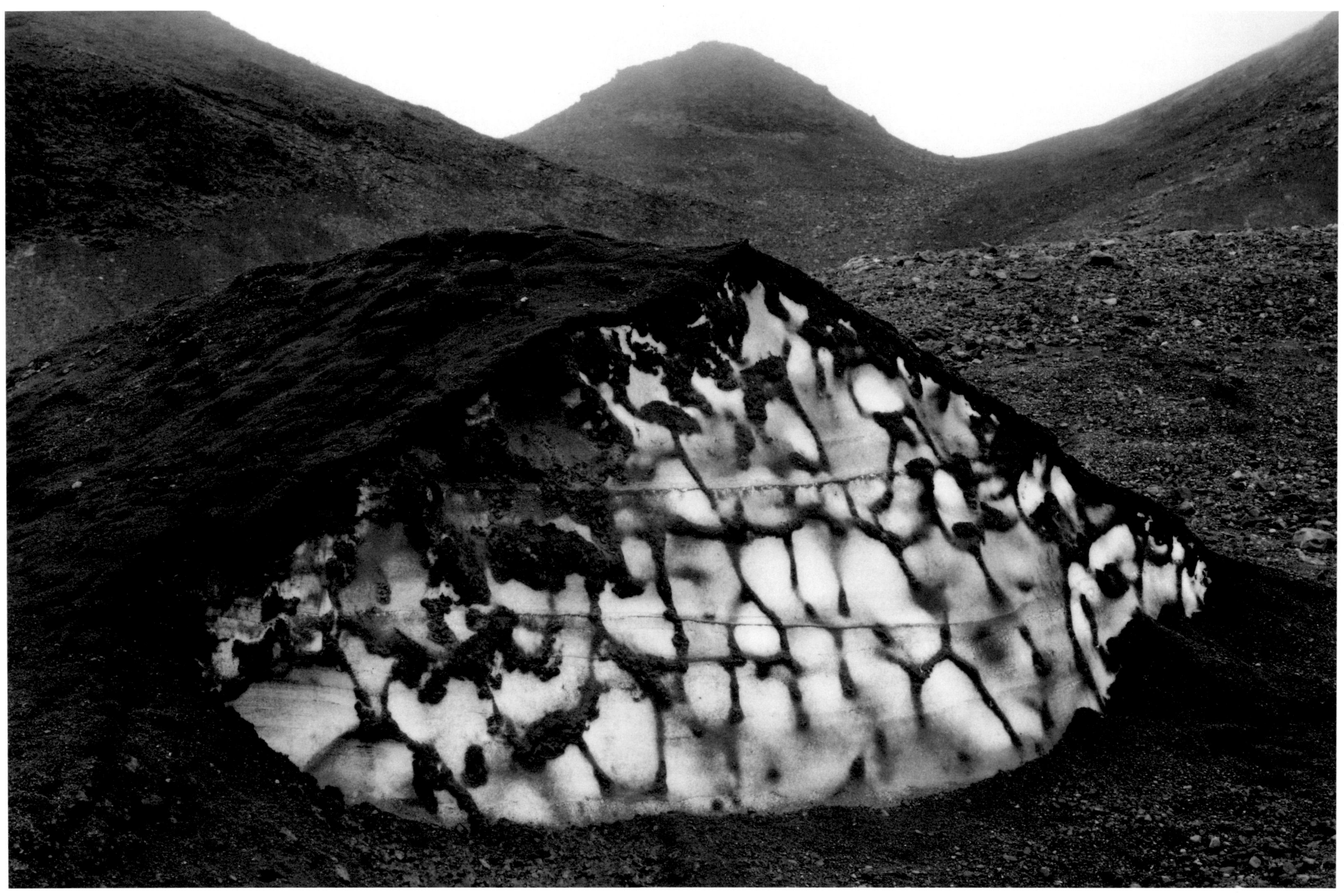

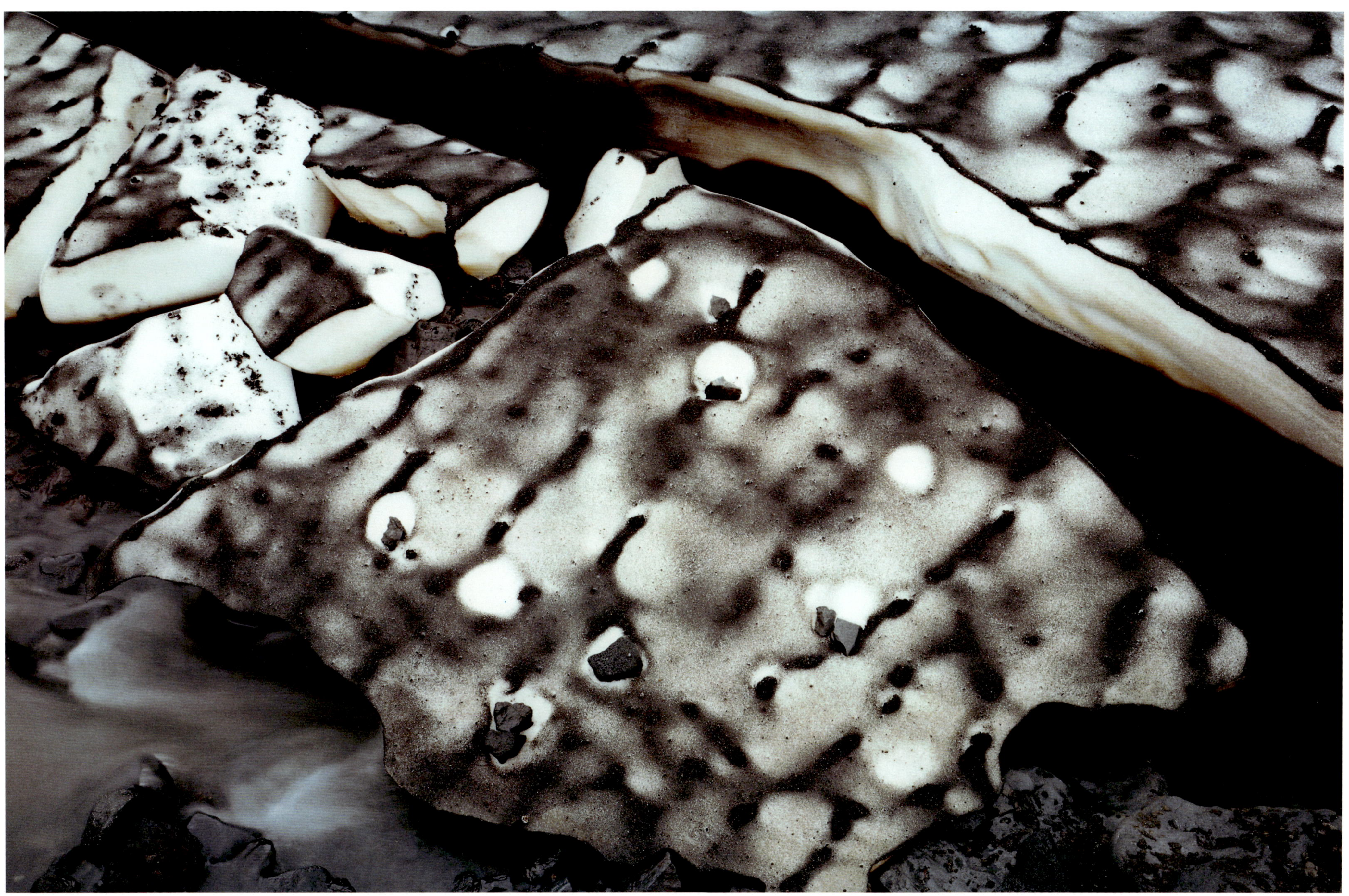

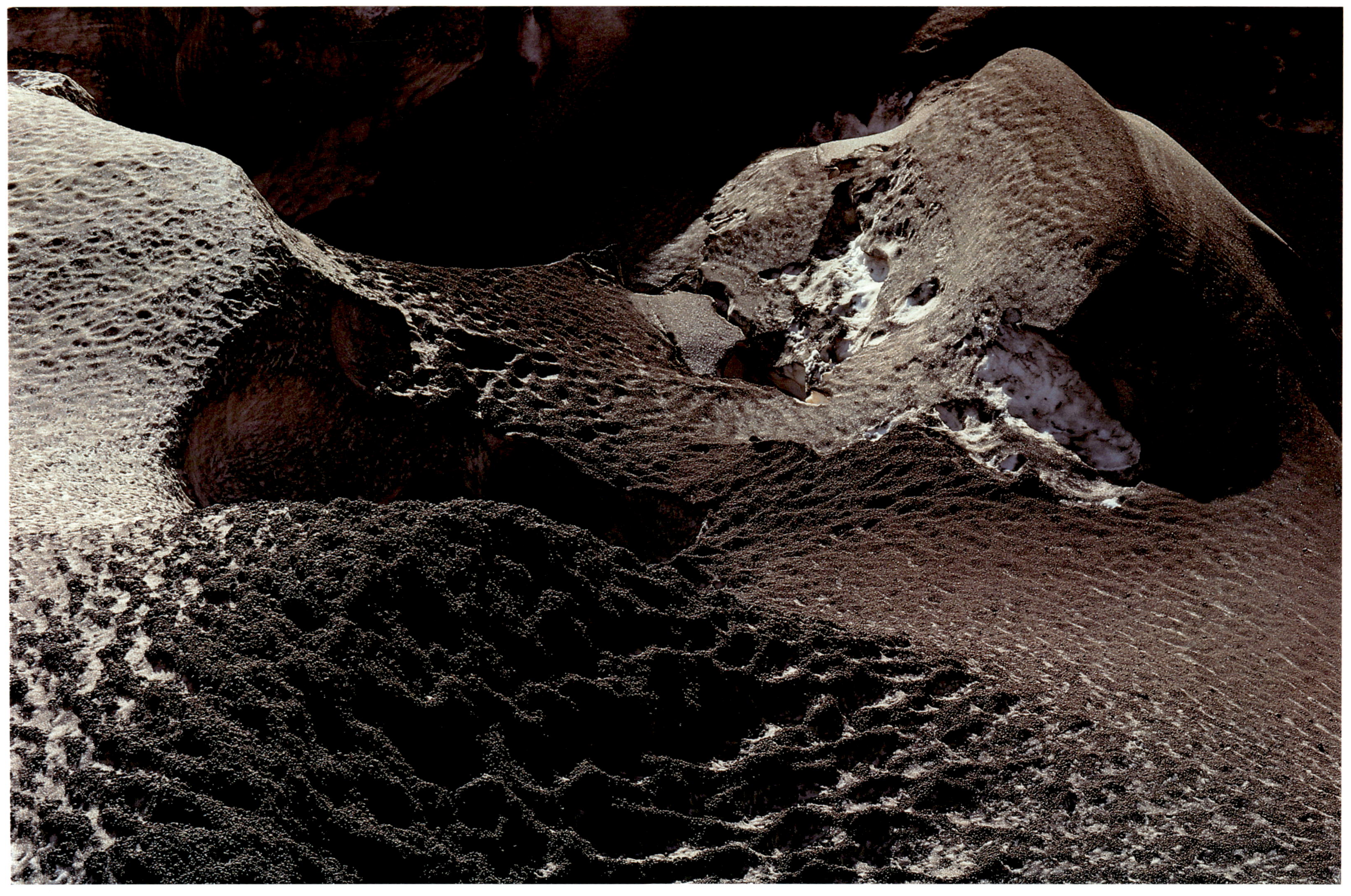

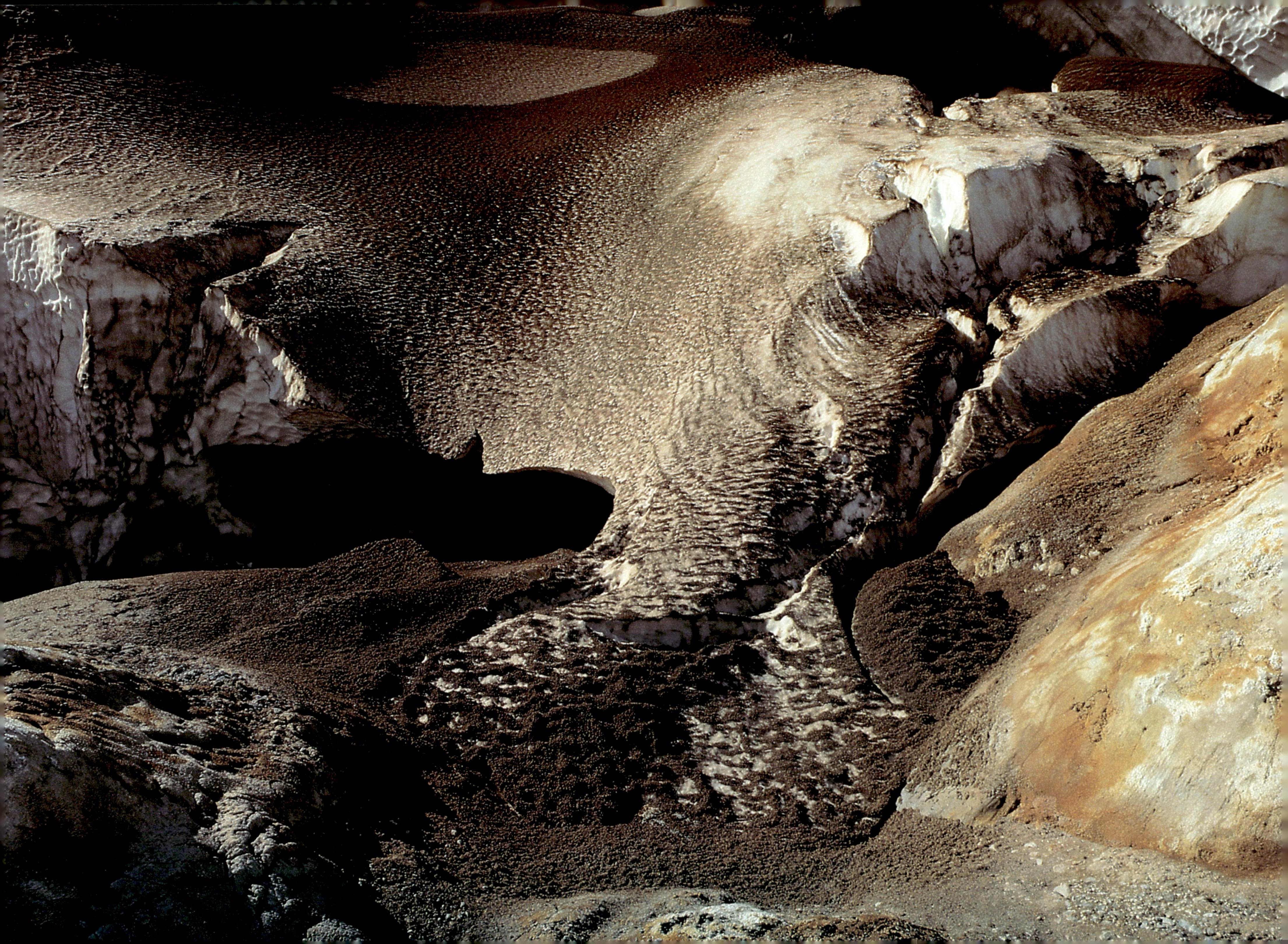

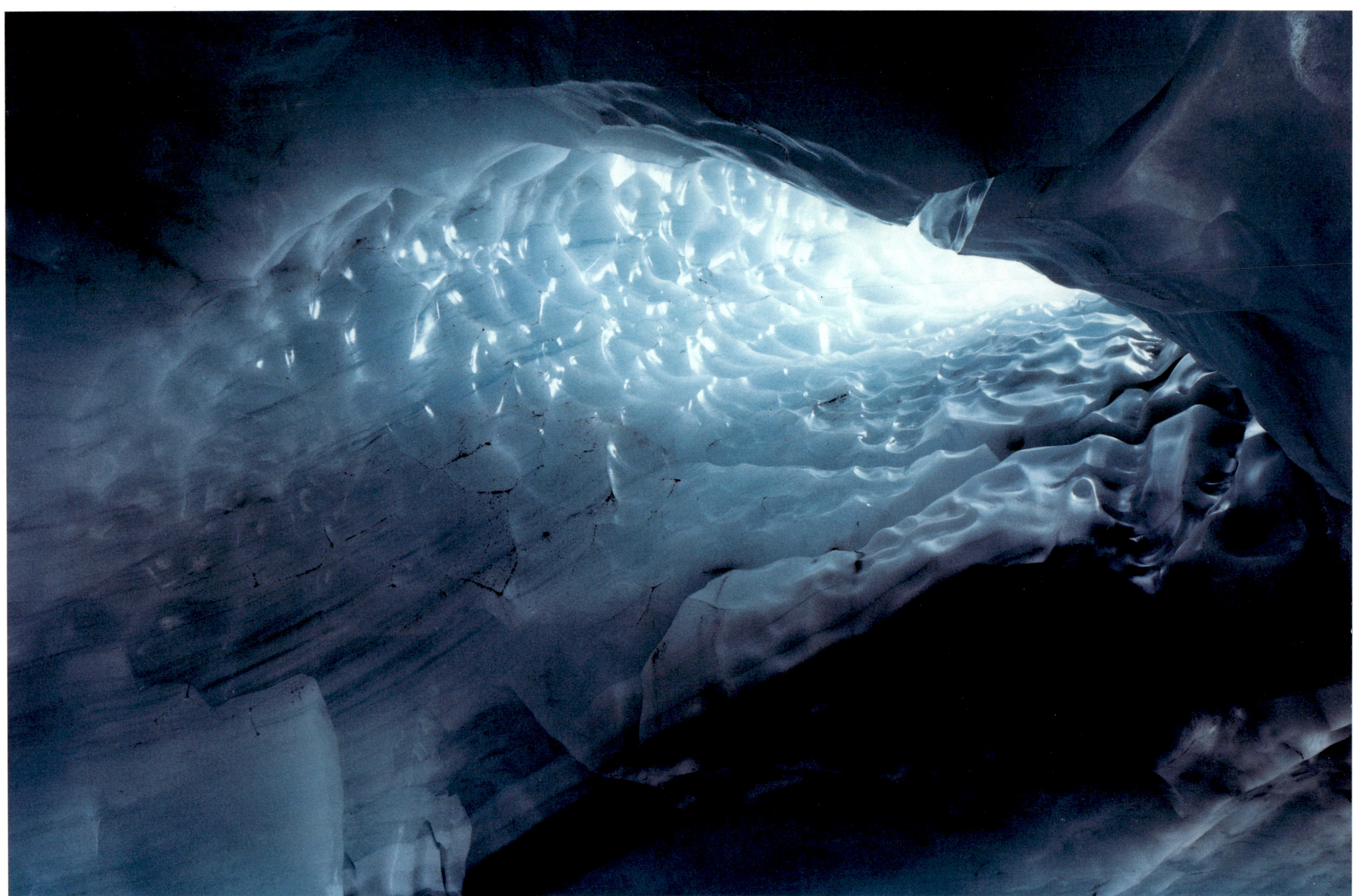

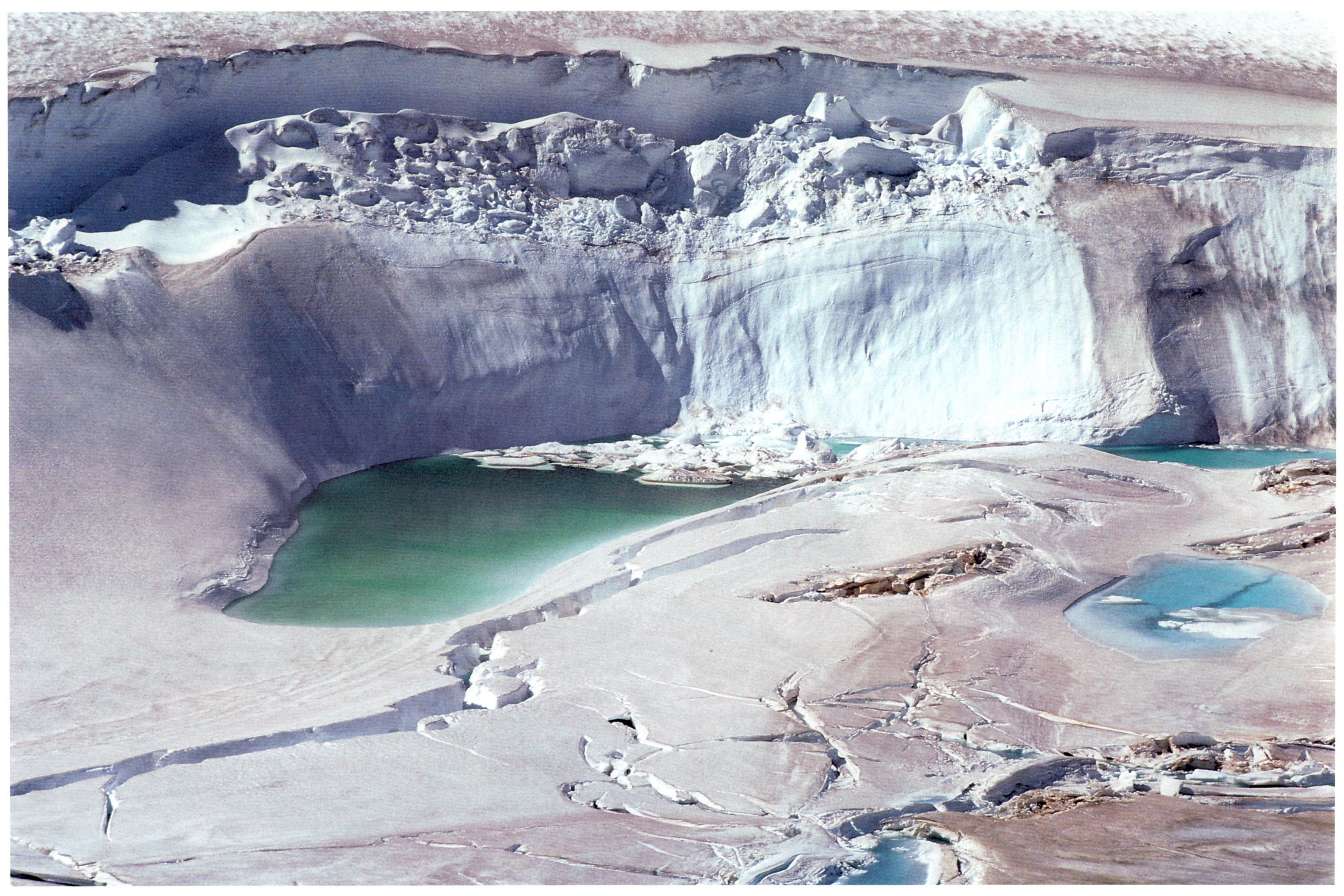

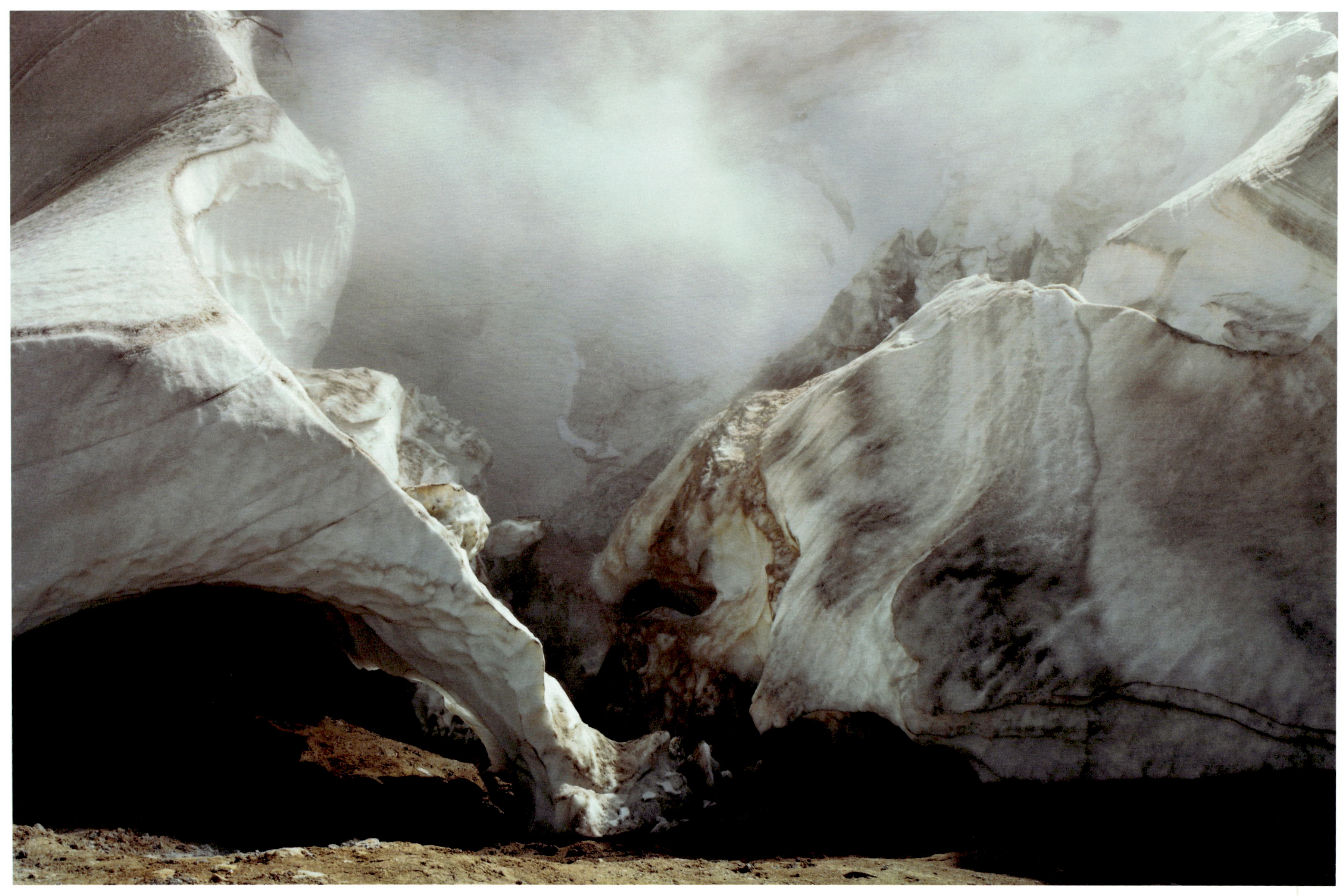

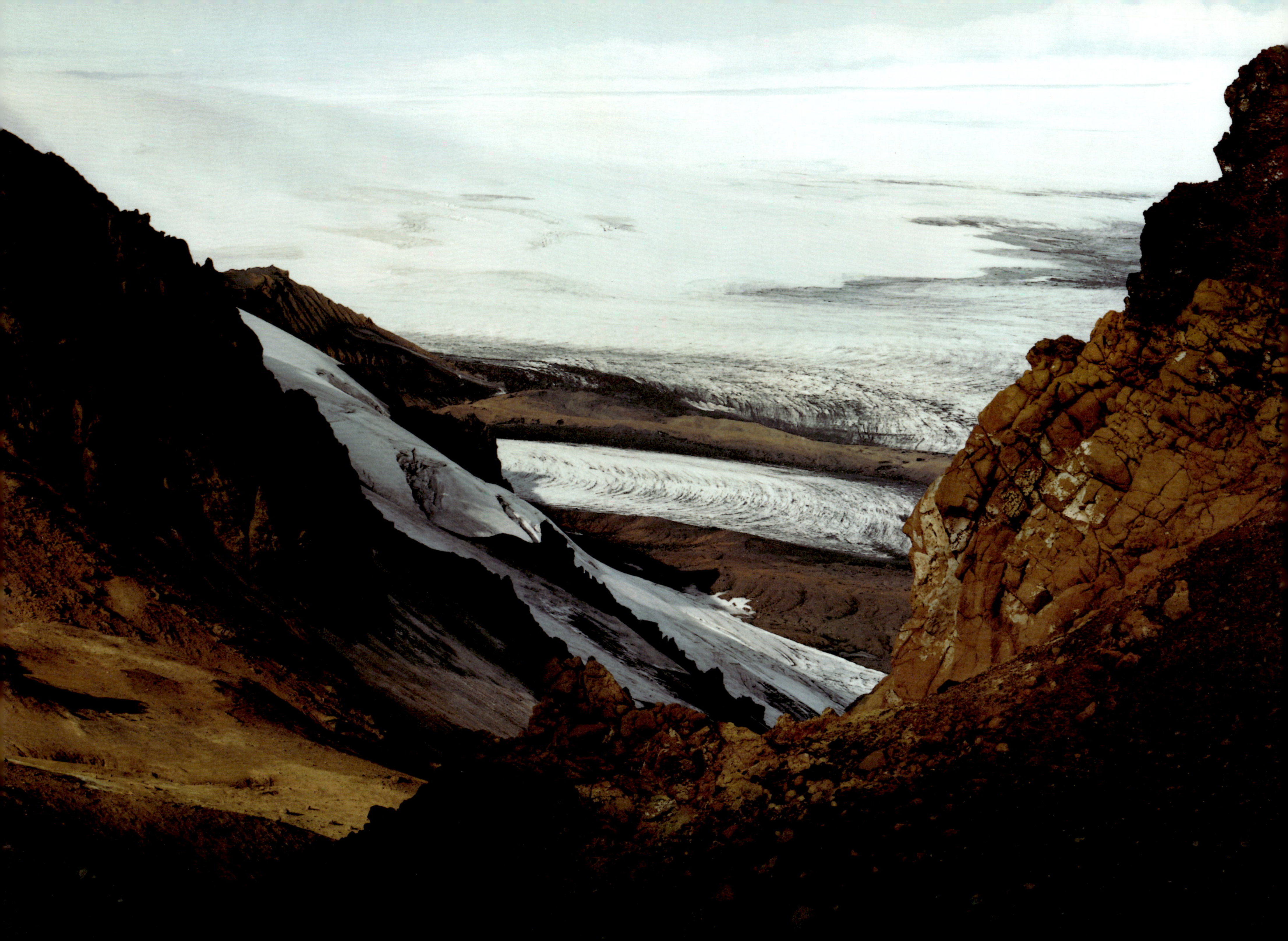

Hrafntinnusker

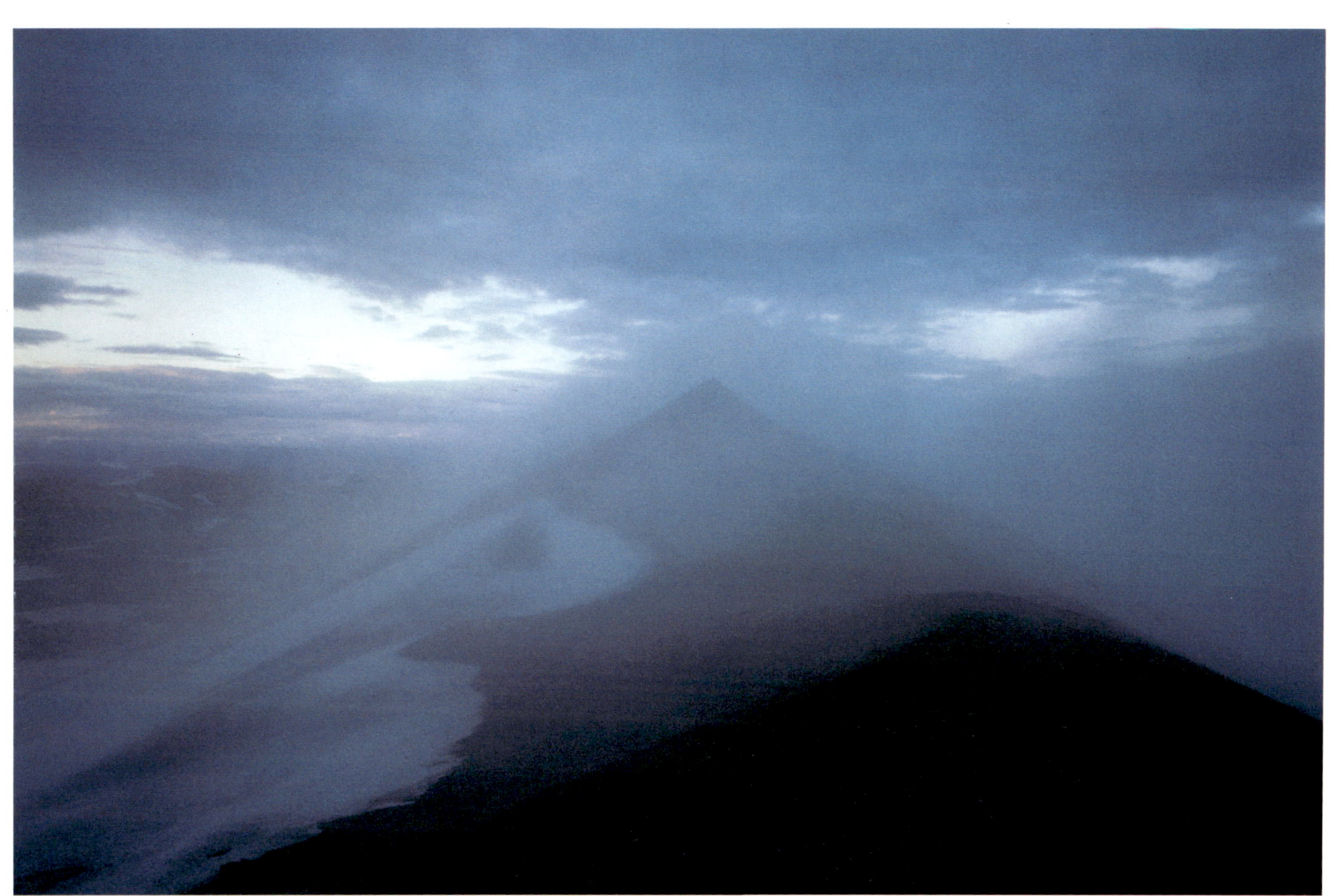

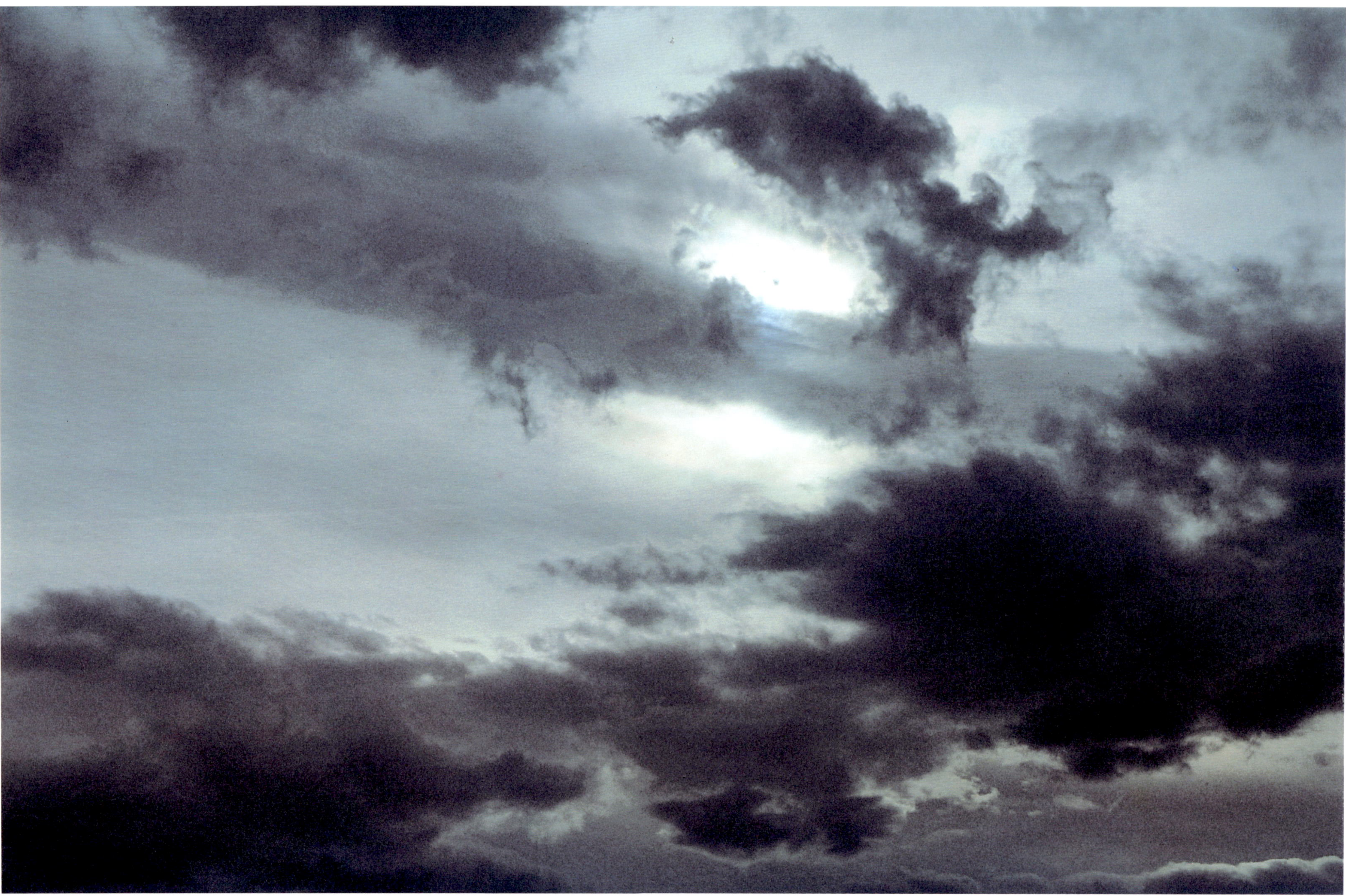

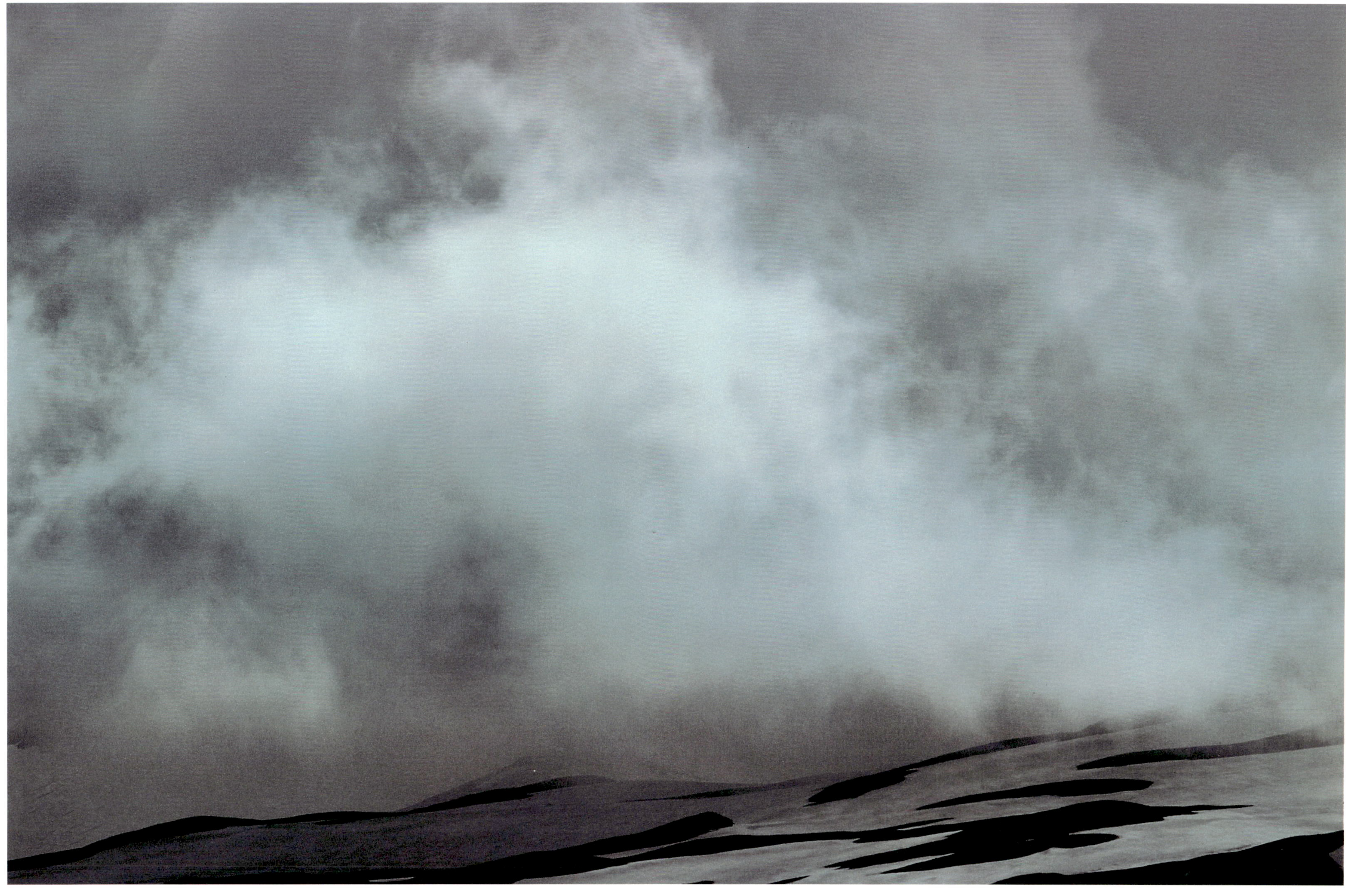

Kaldaklofsfjöll

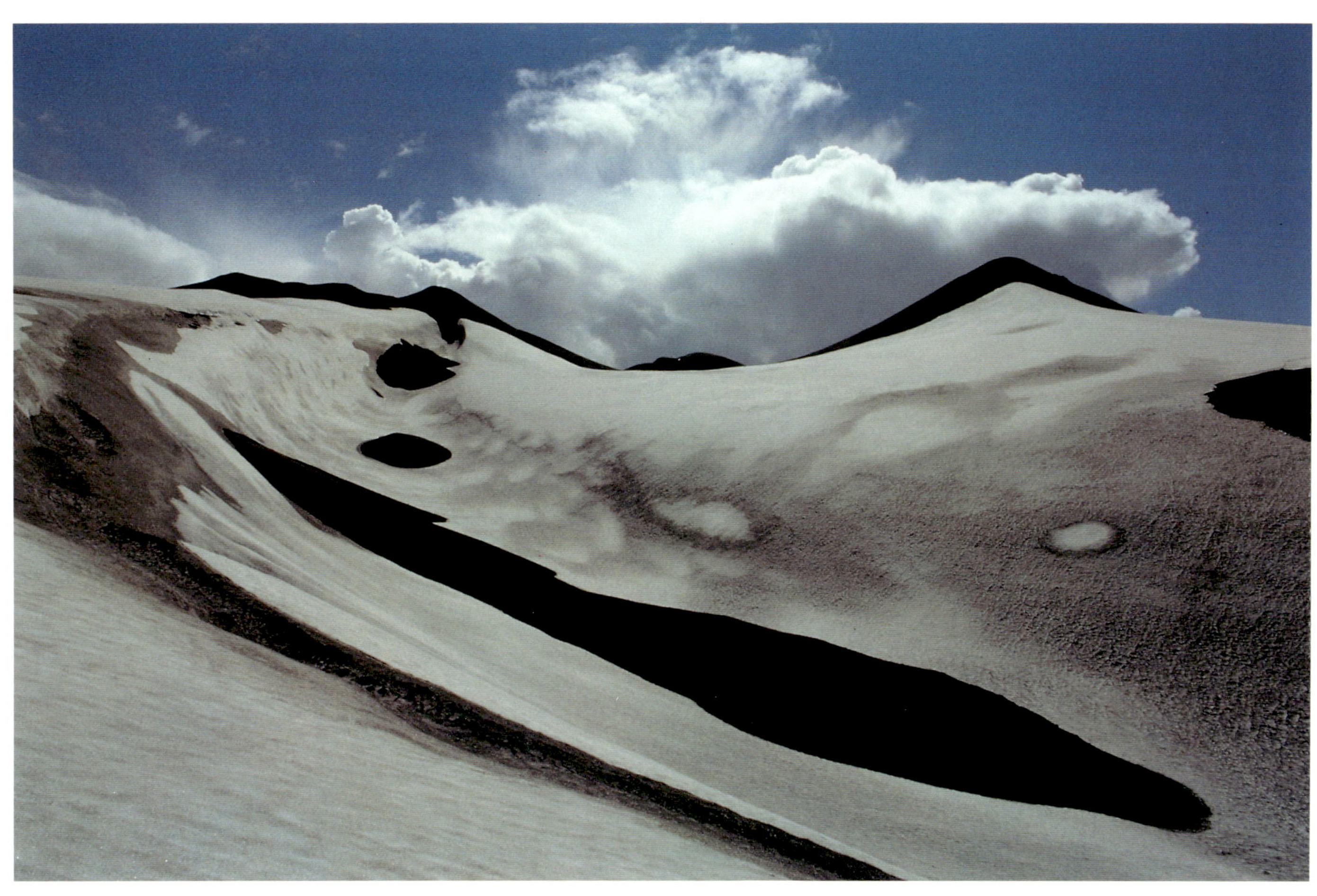

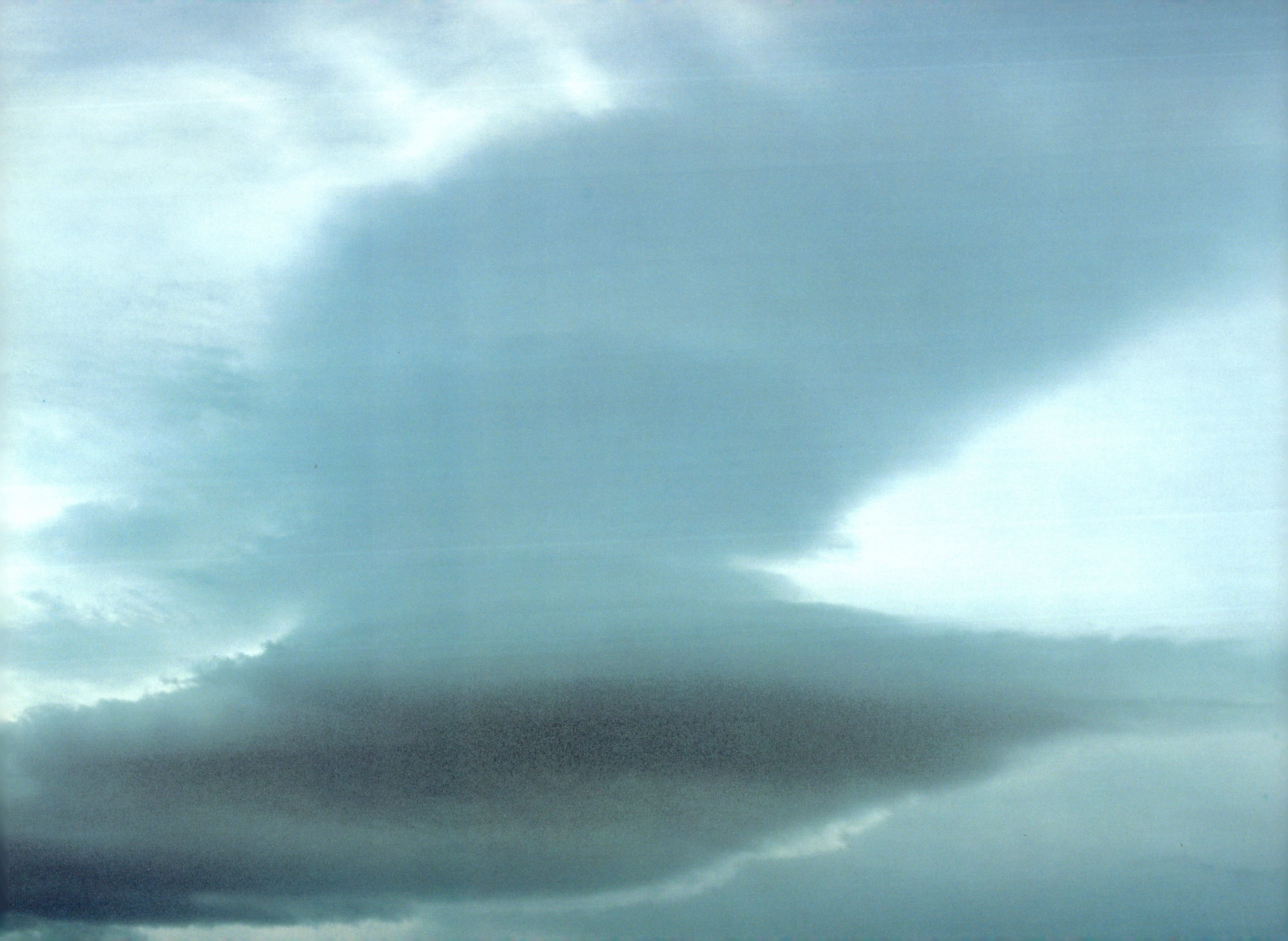

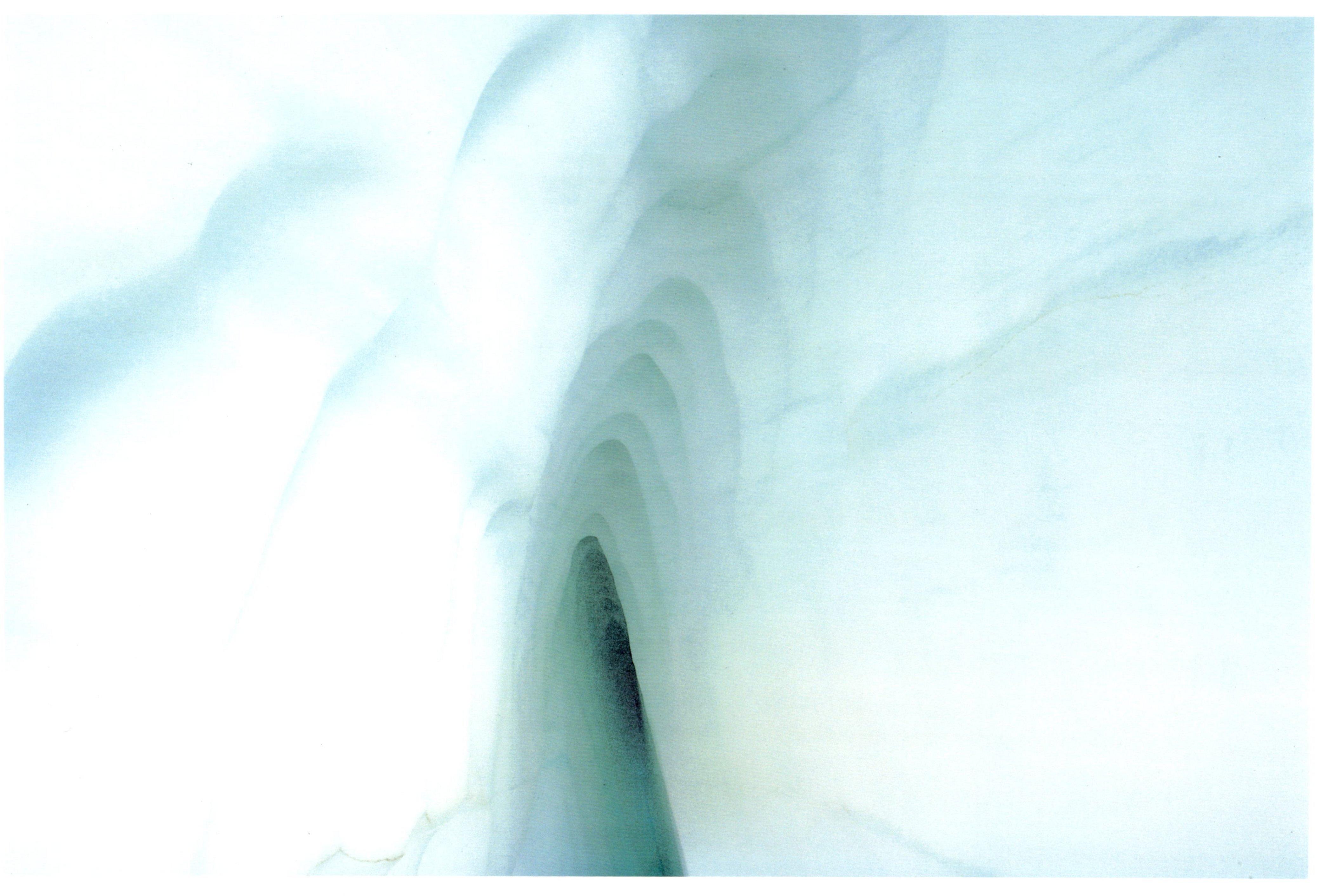

Jökulsárlón

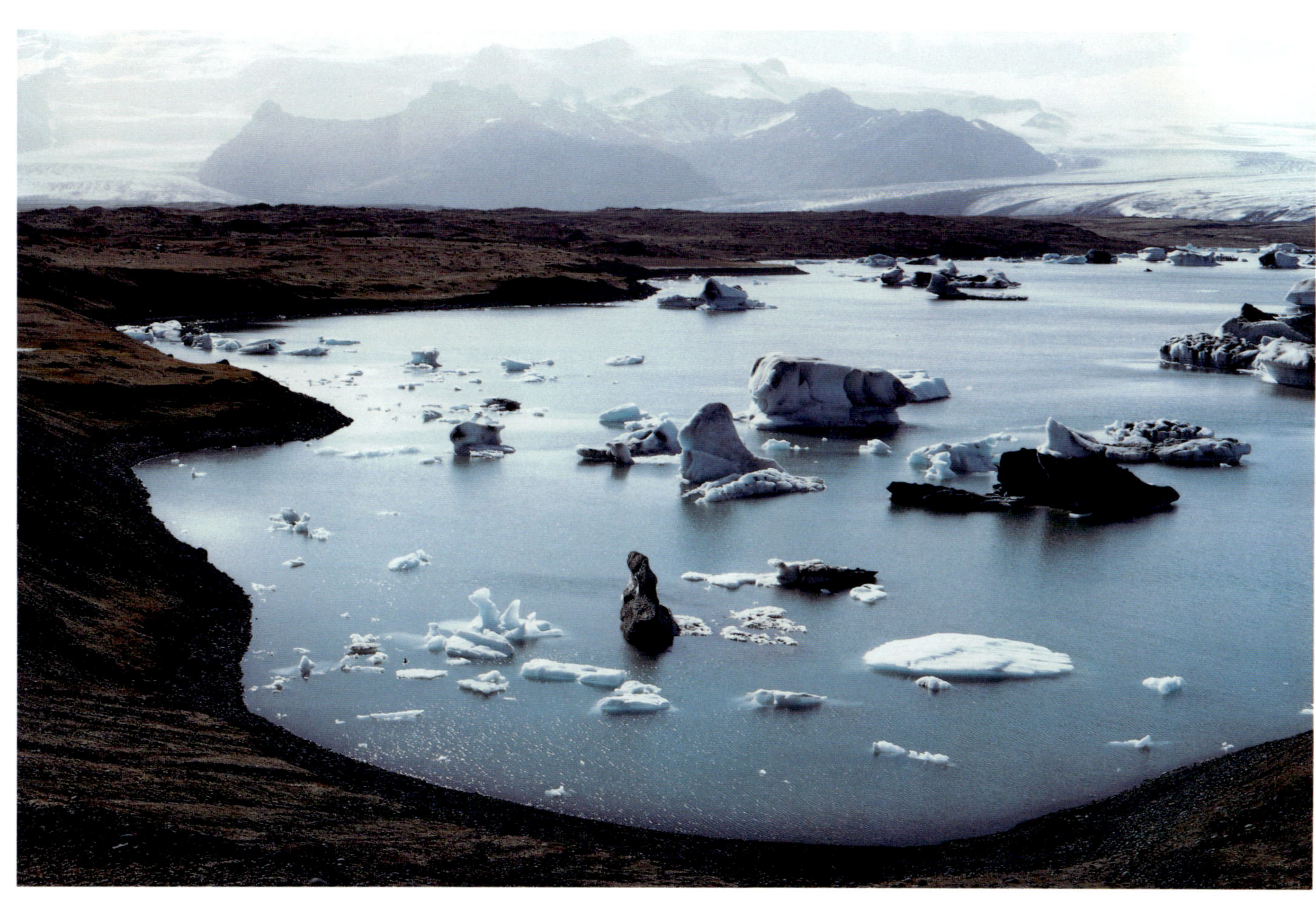

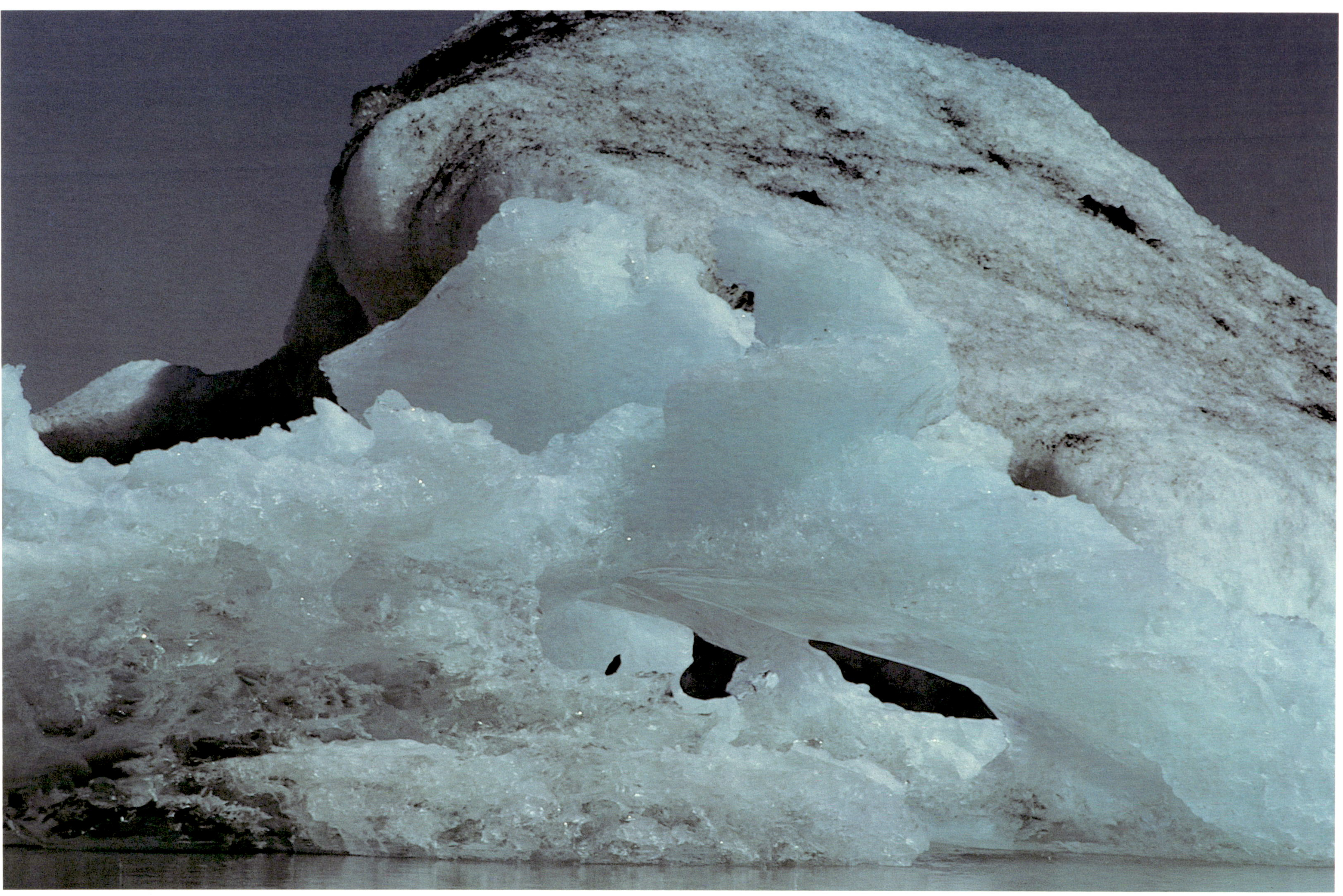

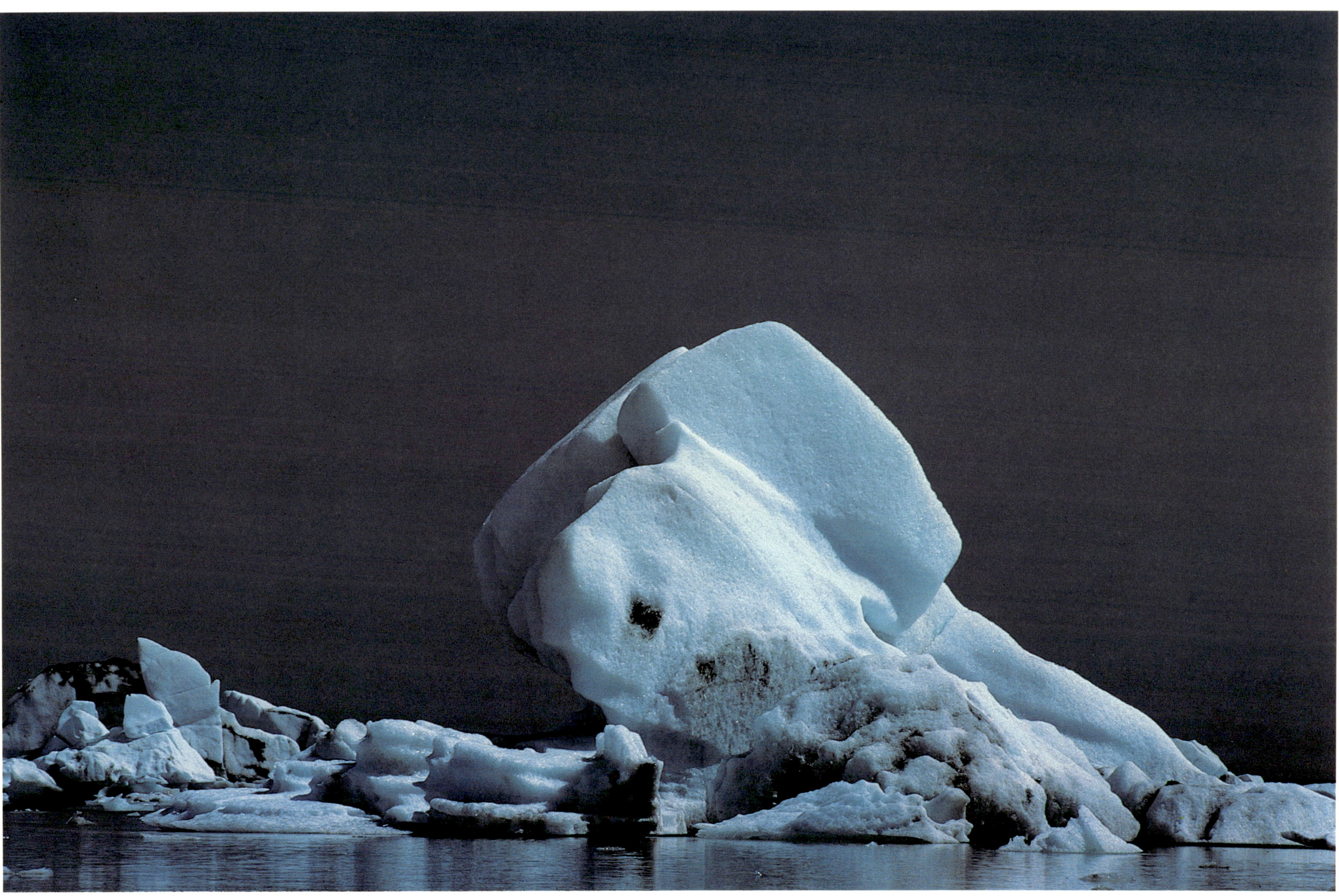

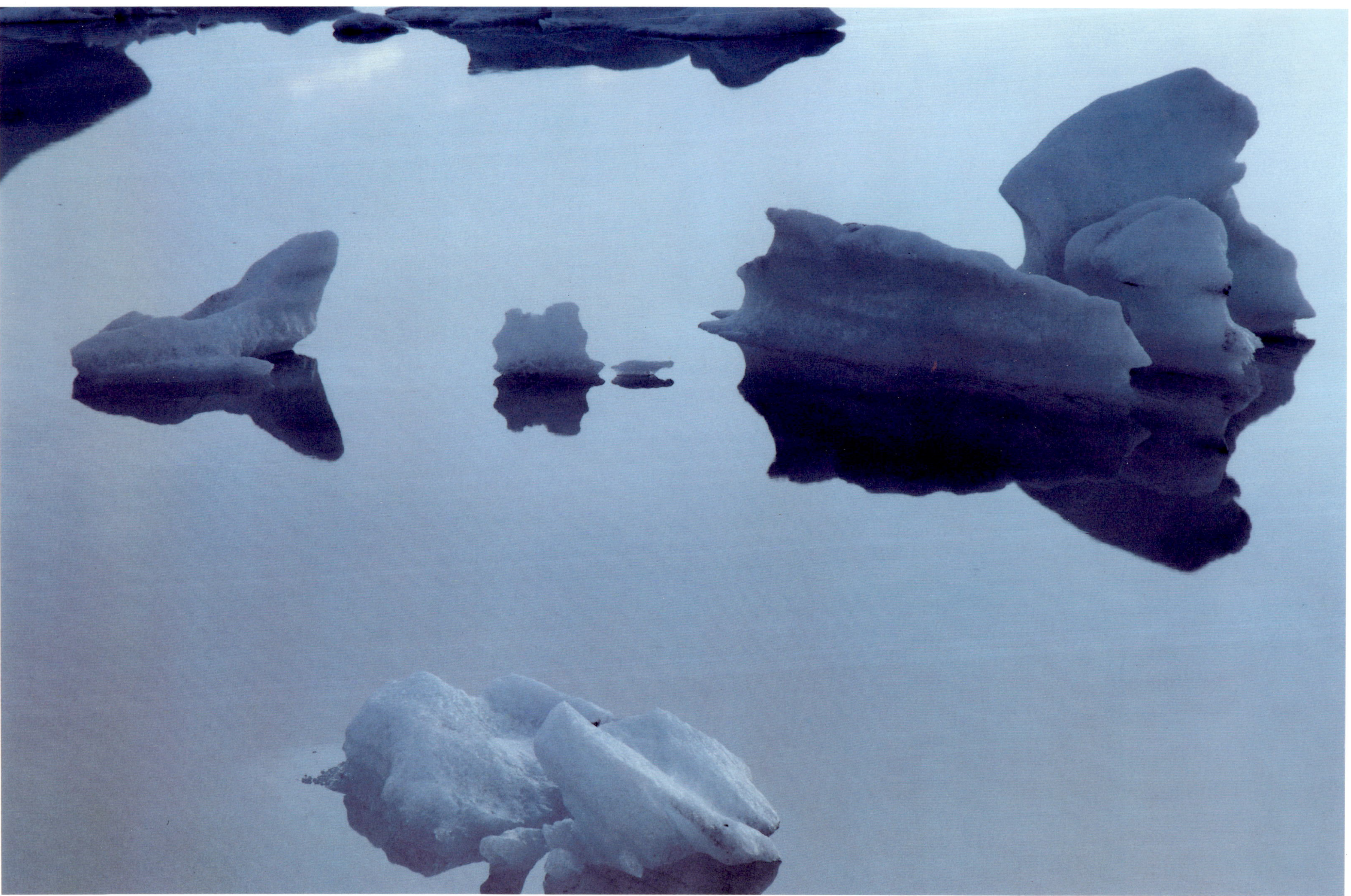

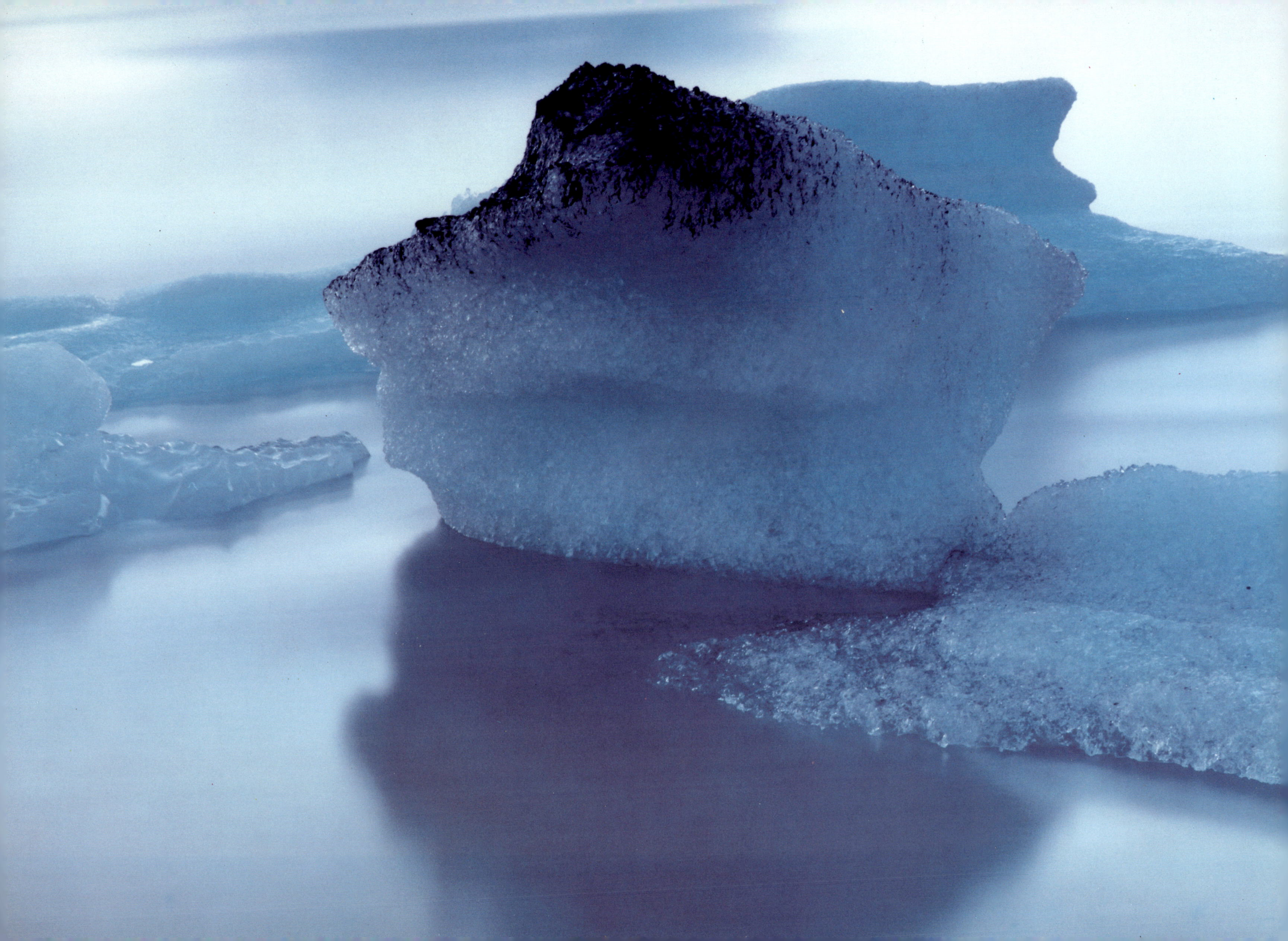

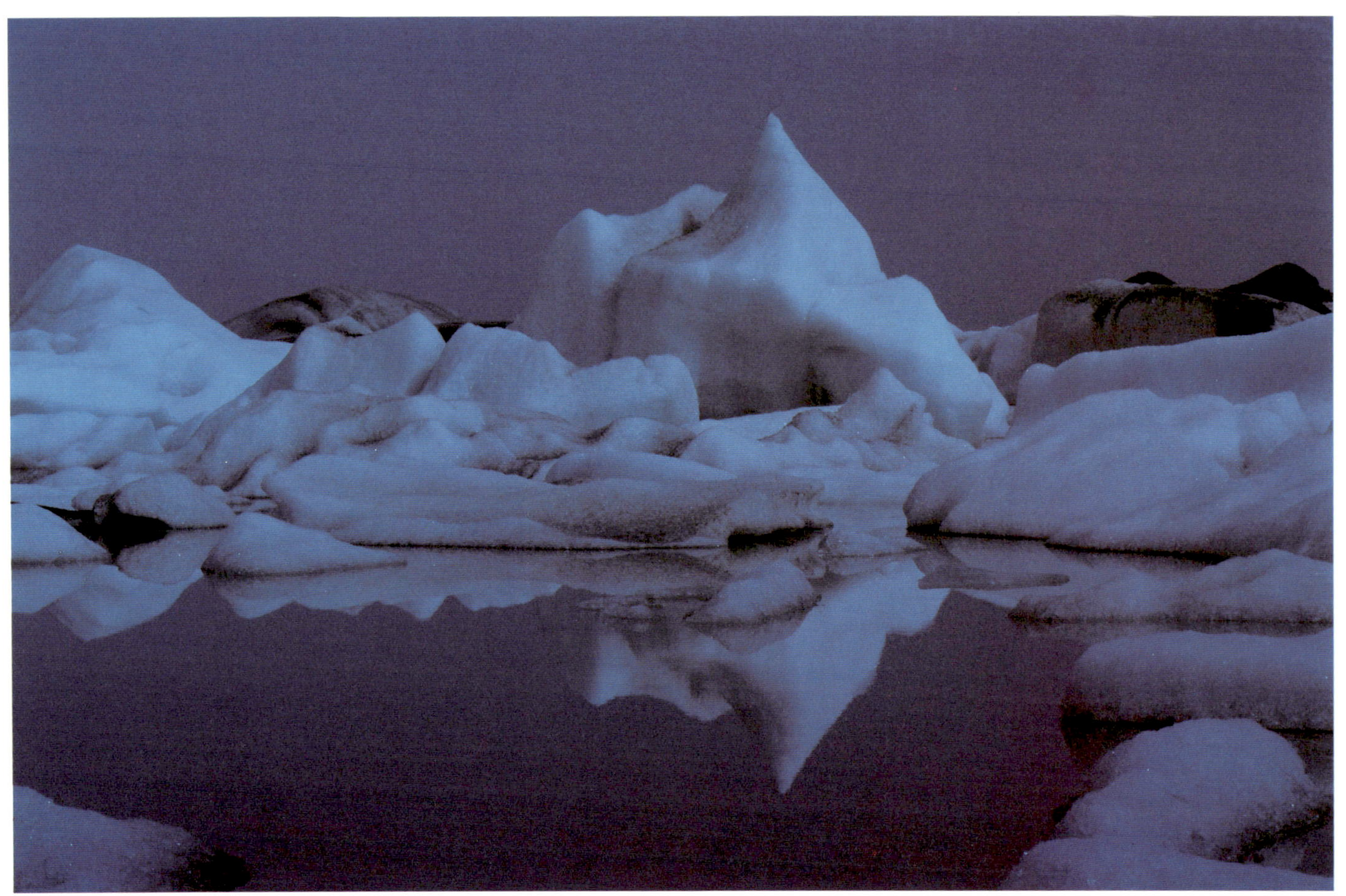

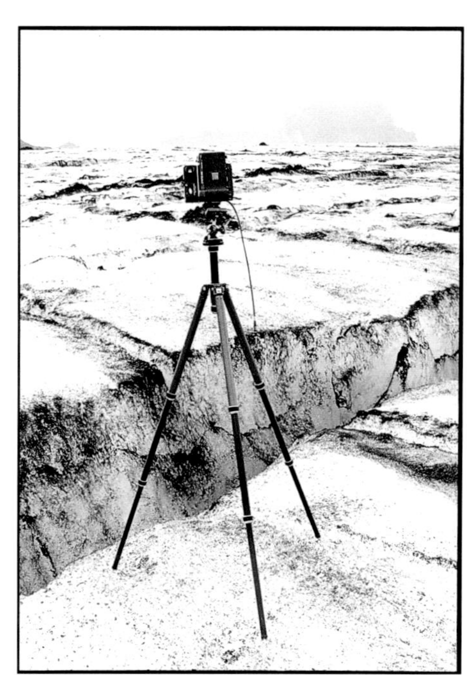

Stefan Ziese

Der Fotograf Stefan Ziese, geboren 1961 in Heide/Holstein, reiste 1986 das erste Mal nach Island. Weitere drei Reisen folgten, und die Landschaftsfotografie entwickelte sich zum Schwerpunkt seines Fotografiestudiums an der Fachhochschule Bielefeld. Er hat diverse Ausstellungen gemacht, vor allem zu den Themen Wasser und Island.
Er lebt in Witten.

Danksagung

Bedanken möchte ich mich bei Walter Mayr, meinem ersten wichtigen Lehrer der Fotografie, ferner bei Jörg Boström für das Vorwort, Jens Nieswand für die Wertschätzung meiner Bilder und Ingo Wulff für die Buchgestaltung.

Gestaltung
Ingo Wulff

Lithografie
Brandner, Kiel

Herstellung
Nieswand Druck, Kiel
Satz
Angelika Masuth
Druckformen
Oliver Grabowsky
Druck
Dieter Fernberg
Jörg Göde
Manner Masuth

Bindung
Gehring, Bielefeld

Schrift
Avenir

Papier
Samtoffset 150 g/m²

Printed in Germany
ISBN 3-926048-53-0